# 나의 캠핑 요리

나의 캠핑 요리

초판 1쇄 2020년 12월 24일

지은이 | 장진영
발행인 | 이상언
제작총괄 | 이정아
편집장 | 손혜린
책임편집 | 강은주
디자인 | 렐리시Relish

발행처 중앙일보플러스(주)
주소 | (04513) 서울시 중구 서소문로 100(서소문동)
등록 | 2008년 1월 25일 제2014-000178호
판매 | 1588-0950
제작 | (02) 2031-1125
원고투고 | jbooks@joongang.co.kr
홈페이지 | jbooks.joins.com
네이버 포스트 | post.naver.com/joongangbooks
인스타그램 | @j__books

ⓒ장진영, 2020

ISBN 978-89-278-1196-1 14980
세트 ISBN 978-89-278-1181-7 14980

※ 이 책은 저작권법에 따라 보호받는 저작물이므로 무단 전재와 무단 복제를 금하며 책 내용의 전부 또는 일부를 이용하려면 반드시 저작권자와 중앙일보플러스(주)의 서면 동의를 받아야 합니다.
※ 책값은 뒤표지에 있습니다.
※ 잘못된 책은 구입처에서 바꿔 드립니다.

중앙북스는 중앙일보플러스(주)의 단행본 출판 브랜드입니다.

나의 캠핑 요리

글·사진 **장진영** | 그림 **렐리시**

중앙books

들어가며
마음을 나누는 레시피

그러니까 7년쯤 됐을까요, 나이 서른이 훌쩍 넘어도 별다른 게 없다는 걸 깨달은 순간 말입니다. 잔치가 끝나도 내 삶에 드라마틱한 변화는 찾아오지 않더군요. 벼락처럼 그 사실을 알게 된 날, 당장 밖으로 나가야겠다고 생각했습니다. 이전과는 다른 방식으로, 어딘가로 무작정 떠나는 여행. 그 여정엔 많은 것이 갖춰져 있지 않더라도 괜찮다고 생각했습니다. 약간의 불편함을 겪더라도 그저 천천히 나를 돌아볼 수 있게 말이죠.

　　그렇게 들살이를 시작했습니다. 커다란 버낭에 텐트, 침낭, 코펠, 버너 등을 챙겨 나섰습니다. 양팔 벌린 너비밖에 되지 않는 텐트여도 호젓한 시간을 보낼 수 있다는 것에 즐거웠습니다. 많은 것들이 단순해졌습니다. 재잘재잘 지저귀는 새 소리가 알람이 되고, 발길 닿는 대로 산책을 하고 느릿느릿 밥상을 차렸습니다.

　　그러나 혼자만의 밥상에선 허전함이 느껴졌

습니다. 음식을 통해 온기를 나누고 싶었습니다. 용기내어 사람들과 어울렸고, 식탁은 풍성해졌습니다. 푸짐하게 음식을 만드는 사람들에게 흔히 '손이 크다'고 하죠. 캠퍼들이 그렇습니다. 남을 걸 알면서도 항상 양을 넉넉하게 준비하곤 합니다. 넉넉한 인심은 따뜻한 정으로 돌아왔습니다.

그렇게 '당신들'이 더해져 '우리'가 되어 밥상은 풍성해졌고, 그만큼 마음의 허기도 채워졌습니다. 같이 밥을 먹는 행위에는 단순히 음식을 나누는 그 이상의 무엇이 있나 봅니다.

언제나 캠핑 떠날 생각을 하면서 엉덩이가 들썩입니다. 신중하게 메뉴를 정하고 함께 나눌 밥상을 떠올리는 것만으로도 실실 웃음이 납니다. 출발하는 순간 일상의 스위치를 내려놓습니다. 캠핑을 하며 맛있는 음식과 즐거운 수다로 빵빵한 '행복 통장'을 채워 일상으로 돌아옵니다.

이 책은 맛있는 캠핑 요리를 소개하는 책이기도 하지만, 음식을 통한 마음 나눔의 안내서이기도 합니다. 당신의 캠핑 밥상이 더 풍부해지도록 말이죠.

목차

들어가며   마음을 나누는 레시피 • 4p

제1장   가볍게 훌훌 • 면 요리 열전

1. 장조림파스타 ········ YES I CAN! 캔으로 만드는 요리 ① • 26p
2. 곤약초계면 ········ YES I CAN! 캔으로 만드는 요리 ② • 28p
3. 골뱅이비빔면 ········ YES I CAN! 캔으로 만드는 요리 ③ • 30p
4. 채끝짜파구리 ········ 라면 요리 끝판왕 ① • 32p
5. 전복미역국라면 ········ 라면 요리 끝판왕 ② • 34p
6. 사골만두라면 ········ 라면 요리 끝판왕 ③ • 36p

제2장   나누면 즐거운 • 우리를 위한 메뉴

1. 카레라이스 ········ 추억으로 먹는 맛 • 46p
2. 삼겹숙주볶음 ········ 요리가 된 삼겹살 • 48p
3. 만두피피자 ········ 마음껏 한 판 더 • 50p
4. 비어캔치킨 ········ 맥주에 빠진 고기 ① • 52p
5. 맥주수육 ········ 맥주에 빠진 고기 ② • 54p

제3장   자연과 가까이 • 채식 지향 메뉴

1. 바나나토스트 ········ 바나나, 안 반하나 • 62p
2. 뜨거운감자 ········ 오늘밤 주인공 • 64p
3. 두유크림명란파스타 ········ 두유 노우, 두유 파스타? • 66p
4. 두부누들샐러드 ········ 이토록 든든한 채식 • 68p
5. 우엉튀김 ········ 바삭바삭 맥주 도둑 • 70p
6. 밀떡볶이 ········ 쫄깃하게, 매콤하게 • 72p

제4장 굽거나 튀기거나 • 불과 기름의 시간

1. 골뱅이튀김 ……… 매콤달콤, 캠핑의 감칠맛 • *76p*
2. 멘보샤 ……… 화끈하고 매혹적인 너 • *78p*
3. 화로구이 ……… 완벽한 1인분의 즐거움 • *80p*
4. 샌드스모어 ……… '불멍'의 다정한 벗 ① • *82p*
5. 브리치즈구이 ……… '불멍'의 다정한 벗 ② • *84p*

제5장 영혼까지 살찌우는 • 뜨겁고 뭉근한 한 그릇

1. 가자미술찜 ……… 색다른 생선 요리 • *90p*
2. 토마토스튜 ……… 영혼까지 살찌운다 • *92p*
3. 바지락어묵탕 ……… '캬~'를 부르는 국물 • *94p*
4. 밀푀유전골 ……… 겨울 캠핑의 스테디셀러 • *96p*
5. 토마토김치찜 ……… 묵은지로 완성한 이탈리아의 맛 • *98p*

제6장 신나게 술술 • 마시는 캠핑

1. 커피 ……… 자발적 유목민의 음료 • *102p*
2. 와인 ……… 무화과와 함께라면 • *104p*
3. 모히토 ……… 캠핑 칵테일의 정석 ① • *106p*
4. 상그리아 ……… 캠핑 칵테일의 정석 ② • *108p*
5. 하이볼 ……… 안녕, 반가운 한 잔 • *110p*

나가며   캠핑 요리를 하며 느낀 것들 • *128p*

➕ 캠핑 수첩

- • 12가지 질문 & 12가지 해시태그 • *10p*
- •• 필살의 편의점 메뉴들 • *38p*
- ••• 즐거운 먹캠, 이렇게 준비하자 • *56p*
- •••• 얼쑤, 우리 술과 함께한 캠핑 • *112p*

초보 캠핑 요리사를 위한

12가지 질문 & 12가지 해시태그

① **초보 백패커입니다. 오지 캠핑에 도전해보고 싶은데, 먹거리를 어떻게 준비해야 할까요?**
#비화식

백패킹을 할 때 불을 사용하지 않는 식생활을 비화식이라고 합니다. 사실상 허가되지 않은 곳에서의 취사는 위법의 가능성이 있기에 백패킹 시에는 되도록 비화식으로 식단을 준비하는 것이 좋습니다. 조금 번거롭더라도 보온병에 뜨거운 물을 준비해서 컵라면, 분말 수프, 커피 등에 이용하거나 포장된 샐러드와 빵을 구입해 간단한 샌드위치 p.42를 만들어 먹는 것을 추천합니다. 건조식품과 발열팩을 이용하면 따뜻한 먹거리도 가능합니다.

② **가까운 곳으로, 가볍게 떠나길 좋아하는 캠퍼 커플입니다. 거창한 도구 없이도 기분 낼 수 있는 근사한 캠프닉 메뉴 알려주세요.**
#캠프닉

하룻밤 이상을 머무는 캠핑이 부담스럽다면 간소한 장비로 소풍처럼 즐기는 '캠프닉'은 어떨까요. 텐트 없이도 의자와 테이블 세팅만으로도 충분합니다. 은은하게 랜턴 켜는 거 잊지 마시고요. 석양을 바라보며 와인 한잔과 치즈 덮은 무화과 p.104를 곁들인다면 핑크빛 무드로 가득하겠죠. 오글거리는 손발을 부여잡고 이렇게 외쳐봅니다. '그대 눈동자에 건배를!'

③ **아내와 부모님, 3형제 아이들을 이끌고 1박 2일 캠핑을 계획 중입니다. 대가족을 위한 '삼시세끼', 어떻게 준비하죠?** #가족캠핑

캠핑장에 오후에 도착해 다음 날 오후에 철수하는 상황으로 가정해 보겠습니다. 첫날은 무조건 BBQ죠. 숯불을 피우고 그릴 위에 삼겹살, 목살, 조개, 소시지 등을 넉넉하게 구워주세요. 한 사람의 불 앞에서의 희생이 굶주린 많은 이들을 은혜롭게 합니다. 다음 날 아침은 일요일답게 '내가 요리사'를 선언하는 건 어떨까요? 짜장르·면의 '업글' 버전 짜파구리 p.32를 추천합니다. 철수 전 점심 메뉴로는 남녀노소 모두 좋아하는 카레라이스 p.46가 적당합니다.

④ **캠핑과 낚시를 동시에 즐길 수 있는 '캠낚'의 즐거움에 푹 빠졌습니다. 낚아 올린 생선으로 무얼 요리하면 좋을까요?** #캠낚

갯바위에서 건져 올린 우럭 한 마리. 만선의 꿈을 이룬 어부가 된 듯한 기분을 안겨주네요. 회나 구이 대신에 이색 술찜 요리를 추천합니다. 내장을 손질한 생선을 종이 호일에 싸서 팬에 구워주세요. 팬 중간까지 화이트 와인이나 정종을 부어주면 혀에 닿자마자 살살 녹아 내리는 술 생선찜 p.90이 완성됩니다. 얇게 썬 감자, 올리브, 토마토 등을 곁들여 조리한다면 이탈리아 어느 해안가에서 맛보는 요리 부럽지 않습니다.

(5) **캠플루언서를 꿈꾸는 캠린이입니다. 입이 떡 벌어지는, 만듦새 좋고 퍼포먼스 좋은 캠핑 메뉴 추천해주세요.** #캠스타그램

사진발 잘 받는 메뉴는 일단 식재료의 색감이 좋아야 합니다. 천 개의 잎사귀를 뜻하는 프랑스 디저트 밀푀유 모양을 따뜻한 국물요리로 변형한 밀푀유전골 p.96 을 추천합니다. 특이한 식재료나 조리법도 주목을 받을 수 있겠죠. 동그란 치즈를 그대로 구워 견과류 토핑을 한 브리치즈구이 p.84 도 추천합니다.

(6) **고독을 사랑하는 개인주의자입니다. 1인분의 즐거움을 극대화할 수 있는 캠핑 메뉴, 뭐가 있을까요?** #솔캠

혼자 떠날 땐 무조건 소고기 p.80 입니다. 푸드 파이터 정도의 식욕 소유자가 아니라면 수입산 말고 한우로 준비하세요. 소고기는 별다른 조리 과정 없이 무조건 극대화된 만족을 주는 존재입니다. 거창한 사이드 디시보다는 히말라야 솔트, 트러플 솔트 등의 고급지고 특이한 소금을 준비해보세요. 나만 알고 싶은 맛의 신세계가 펼쳐집니다. 전지적 애주가 시점에서 평소 비싸기에 손이 가지 않았던 샴페인이나 싱글몰트 위스키를 곁들이기를 권해봅니다.

(7) **불멍이 좋아서 오늘도 캠프로 떠납니다. 불 앞에서 노닥거리며 먹기 좋은 메뉴는 무엇일까요?**
#불멍

화로대에 굽는 고구마는 진리입니다. 호일에 감싼 고구마를 불 깊숙이 집어넣고 간간이 방향을 바꿔주는 정도의 노력만이 필요할 뿐입니다. 오늘 섭취한 칼로리가 부족하다 싶으면 군고구마를 반으로 갈라 버터를 듬뿍 넣어주세요. 뜨거운 고구마에 녹아내린 버터는 맛있다는 이유로 0칼로리 입니다. 불에 구운 마시멜로를 크래커 사이에 끼워 먹는 스모어p.82도 0칼로리 맞습니다.

(8) **지인의 '접대캠'으로 캠핑을 시작했습니다. 저도 호스트가 되어 접대캠을 해 볼 생각인데, 솜씨 제대로 뽐내려면 어떤 요리를 해야 할까요?**
#접대캠

누군가의 엄청난 호의로 캠핑을 즐기는 것을 '접대캠'이라고 하죠. 접대캠, 사실 쉬운 일이 아닙니다. 호스트와 손님의 기준이 다를 수 있고, 때문에 내 호의가 상대에게 만족스러운지 아닌지 판단하기가 어렵기도 합니다. 경우에 따라서 캠핑에 푹 빠지게 될 수도, 다시는 나가고 싶지 않게 될 수도 있겠네요. 비어캔치킨p.52은 캠린이르 입문시키기에 매혹적인 메뉴입니다. 속살까지 맥주를 촉촉하게 먹은 닭은 '겉바속촉'의 진수를 보여주며 통닭 이상의 그 무엇을 맛보여 줍니다.

⑨ **매주 금요일 '퇴근박'하는 재미로 삽니다. 문제는 '장 보기'입니다. 퇴근박을 위한 효율적인 장보기, 어떻게 해야 할까요?**

#퇴근박

캠핑 하룻밤은 너무 아쉽습니다. 도착해서 텐트 치고, 밥 먹고, 잠 자고, 밥 먹으면 집에 갈 시간이니까요. 두 밤을 사수하기 위해선 대부분 금요일에 떠나곤 하는데요, 이는 불금을 도로 위 정체와 바꿀 만큼의 가치가 있습니다. 그러나 어두울 때 도착해 끼니까지 해결해야 하니 마음은 급하기만 합니다. 이럴 땐 조리 없이 바로 먹을 수 있는 음식이 좋습니다. 캠핑장 근처 맛집에서 포장하거나 밀키트를 이용하면 허기를 금세 해결할 수 있습니다. 이마저도 여의치 않다면 편의점에서 사골곰탕맛 라면과 만두p.36를 구입해 동시에 끓이면 고향의 깊은 맛을 느낄 수 있습니다.

⑩ **장비 구입하는 재미를 알게 된 캠린이입니다. 최소한의 조리를 위한 기본 도구 5가지만 챙긴다면 무엇을 꼽을 수 있을까요?**

#캠핑요리필수템

화기와 냄비가 먼저 떠오르네요. 버너는 호스형으로 구입하는 게 수납에 유리합니다. 코펠 세트도 좋지만 여의치 않다면 볶음 요리뿐 아니라 국물 끓이기도 가능한 큰 용량의 팬을 추천합니다. 팬 하나로 대부분의 요리가 가능합니다. 나무 도마는 썰기 이외에 접시로도 활용할 수 있고요. 칼은 수납과 안전성을 위해서 접이식으로 준비해 주세요. 집에서 사용하는 식칼이 아니어도 요리하는데 지장 없습니다. 마지막으로 손잡이가 달린 납작한 형태의 시에라컵은 밥그릇, 국그릇, 개인 접시, 술잔으로 다양한 활용이 가능합니다.

⑪ **'야외 음주'에 빠진 한량 캠퍼입니다. 귀찮은 건 딱 질색인데, 3분 안에 뚝딱 만들 수 있는 안주 메뉴 추천해주세요.**　#음주캠핑

　3분보다 시간을 좀 더 주세요. 비빔라면과 통조림캔 골뱅이를 이용한 골뱅이비빔면p.30은 7분이면 충분합니다. 물을 끓이고, 면을 삶고, 그동안에 오이와 깻잎을 썰고, 캔 골뱅이의 국물을 빼줍니다. 쫄깃한 면발을 위해 찬물에 면을 헹구는 수고 정도는 해야 하고요. 위의 재료들을 한데 담아 비벼주면 을지로 골뱅이 부럽지 않은 한 접시가 완성됩니다.

⑫ **캠핑장의 아침 메뉴, 늘 고민스럽습니다. 설거지도 못하고 잠들 때가 많아서요.**　#캠핑아침

　라면은 특별한 음식입니다. 야외에서 먹는 경우 피리 부는 사나이처럼 수프 냄새에 대부분 고개를 돌리게 만드니까요. 집에서 먹는 것과 똑같이 끓인다면 특별할 이유가 없겠죠. 약간의 변주가 필요합니다. 필요한 것은 인스턴트 미역국과 라면p.34. 라면 끓이는 것처럼 조리하되 수프 대신에 인스턴트 미역국을 넣어주세요. 슴슴하면서 담백한 국물이 간밤의 음주로 지친 속을 달래줍니다.

가볍게 훌훌
5분 요리 열전

훌쩍 떠나고 싶은 날이 있습니다. 계획 없이 떠날 수 있다는 것,
그 또한 캠핑의 매력이지요. 그런데도 먹거리는 여전히 숙제로 남습니다.
라면 하나로도 충분히 끼니를 때울 수 있지만, 요리하는 즐거움을
포기할 순 없죠. 최소한의 재료에 아이디어를 더해 먹는 즐거움을 극대화할
인스턴트 캔 & 면 요리 레시피를 모았습니다.

장조림파스타

YES I CAN! 캔으로 만드는 요리 ①

가방 깊숙한 곳에서 언젠가 비상식량으로 넣어두었던 캔 하나를 발견했습니다. 바로 장조림 통조림. 백패킹을 하면서 불을 쓸 수 없는 환경일 때 먹으려고 챙겨뒀을 테지요. 즉석밥과 함께 그대로 먹을 수도 있지만, 조리도구를 챙겨 온 오늘은 조금 더 욕심을 부려보고 싶습니다. 근사하게 먹을 수 있는 방법을 궁리해봅니다. 단출한 재료이지만, 번거롭지 않은 조리법으로.

Recipe

간편 재료답게 조리과정을 최소화했습니다. 장조림파스타는 버터에 장조림을 볶고 삶아 놓은 면을 넣어 익히면 됩니다. 면을 삶을 때 소금과 올리브유를 약간 넣어주면 쫄깃한 면발이 되고, 얇은 면이 장조림의 식감과 더 잘 어울립니다. 여기에 꽈리고추를 투하하면 알싸한 맛이 한층 살아납니다. 이탈리아 요리에서 한국의 풍미가 물씬해집니다. 장조림 국물이나 소금 등으로 간을 맞춰도 좋습니다.

조리도구	코펠, 팬, 집게, 접시
준비물(1인분)	장조림 캔 1개, 스파게티면(취향에 따라 쇼트파스타도 무방) 100g 올리브유 2큰술, 꽈리고추 5~8개, 버터 1큰술
소요시간 10분	**먹어 없어지는 시간** 10분　　　　**난이도** ★
이런 캠퍼에게 추천	파스타를 좋아하는 사람, 장조림을 좋아하는 사람

곤약초계면

YES I CAN! 캔으로 만드는 요리 ②

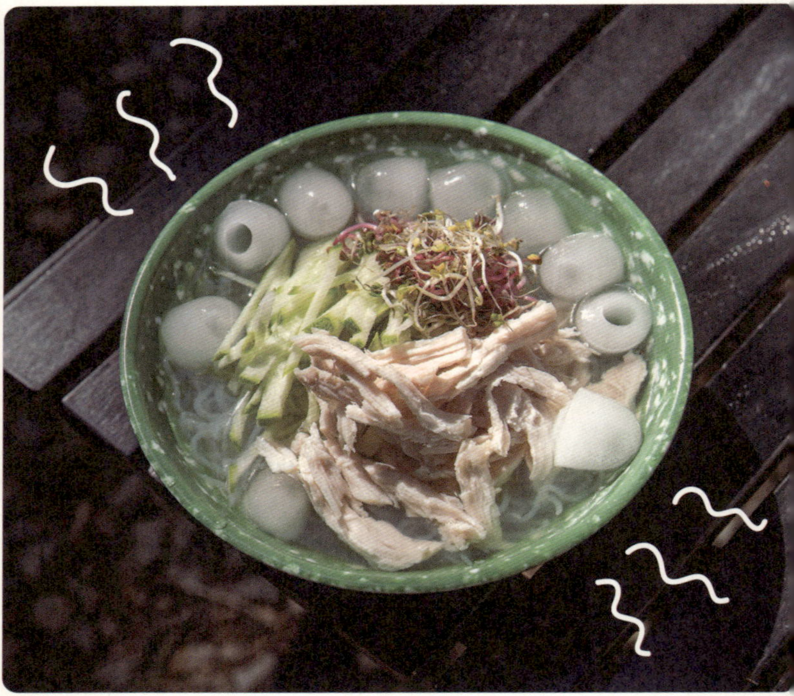

한여름의 뜨거운 열기는 요리에 대한 열정을 식게 만듭니다. 불 앞에서 지지고 볶는 행위 자체가 고역이니까요. 시원하고 든든한 한 그릇이 절실합니다. 산에서 바람에 땀을 식히며 먹던 '그 면'이 생각났습니다. 보양식으로도 즐기는 초계면이 그 주인공입니다. 가벼운 산행이어도 간식을 빼놓을 순 없으니까요. 정상을 찍고 1/4쯤 내려오는 지점에 풍성한 나무 그늘 아래 탁 트인 조망을 가진 나만의 아지트가 있습니다. 그곳에서 풍경을 반찬 삼아 준비해간 곤약초계면을 먹습니다. 시원하고 짭조름한 국물을 들이켜면 9첩 반상도 부럽지 않은 훌륭한 한 끼가 됩니다.

Recipe

준비물은 다이어트의 친구 곤약면과 닭가슴살 통조림, 그리고 꽁꽁 얼린 시판 냉면육수입니다. 육수가 미지근하면 편의점 얼음컵도 마련하세요. 오이 등의 채소를 고명으로 더해도 좋습니다. 준비해간 그릇에 한데 붓고, 목구멍으로 후루룩 넘깁니다.

조리도구 • 그릇		
준비물(1인분) • 곤약면 1팩, 닭가슴살 통조림 1개, 오이 ½개, 새싹채소 적당량, 시판 냉면육수 1팩		
소요시간 • 3분	먹어 없어지는 시간 • 5분	난이도 • ★
이런 캠퍼에게 추천 • 타는 목마름을 잠재우고 싶다면		

골뱅이비빔면

YES I CAN! 캔으로 만드는 요리 ③

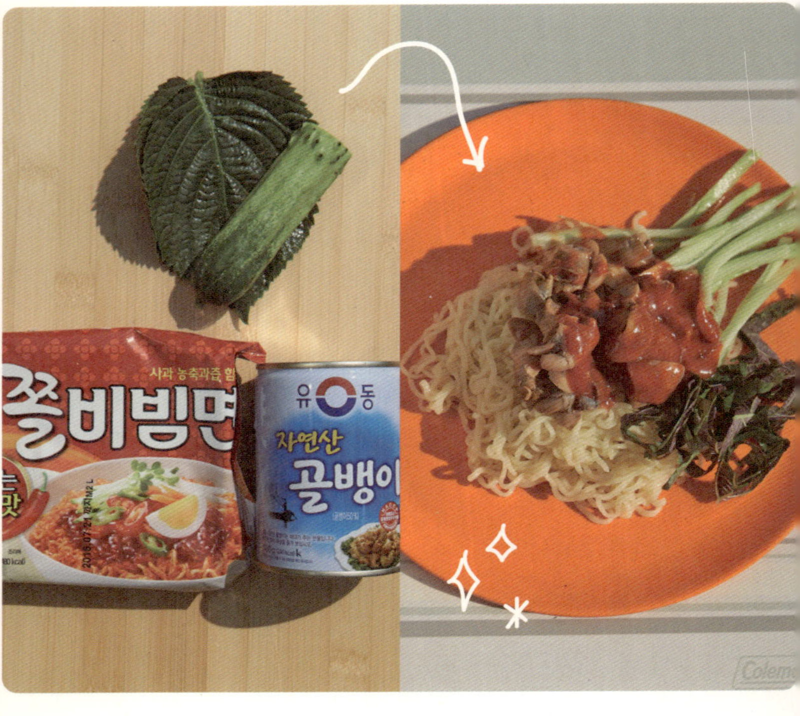

금요일 퇴근 후의 교통체증을 뚫고 캠핑장에 도착한 당신, 벌써 녹초가 되어버렸습니다. 하룻밤 캠핑은 너무 아쉽습니다. 텐트까지 설치하고 나면 금세 깊은 밤이 되거든요. 제아무리 불 앞에서 즐거움을 찾는 요리사 타입의 캠퍼라도 '무엇이든 쉽고 간단한 것' '그냥 아무거나 맛있는 것'을 찾게 될 겁니다. 그래서 가끔 포장 음식을 준비하기도 할 테지만, 그마저 여의치 않을 때도 있죠. 그럴 땐 편의점을 이용합시다. 골뱅이 통조림과 비빔라면만 있으면 7분 안에 허기를 달랠, 최고의 야식 메뉴를 만들 수 있으니까요.

Recipe

골뱅이에는 역시 매콤달콤한 비빔소스가 딱 맞죠. 관건은 면을 찬물에 재빨리 헹구는 겁니다. 쫄깃한 면발을 위한 수고를 아끼지 말아주세요. 오이, 깻잎 등 아삭한 채소를 듬뿍 넣어 오른손으로 비비고 왼손으로 비비는 과정만으로 훌륭한 한 접시가 완성됩니다.

조리도구 • 냄비, 버너, 도마, 칼		
준비물(1인분) • 비빔라면 1개, 골뱅이 통조림(400g) 1개, 오이 ½개, 깻잎 1장, 여유분의 양념(비빔라면 양념 소포장된 것)		
소요시간 • 7분	먹어 없어지는 시간 • 5분	난이도 • ★
이런 캠퍼에게 추천 • 을지로 골뱅이 거리의 흥성거리는 밤을 느끼고 싶다면		

채끝짜파구리

라면 요리 끝판왕 ①

남녀노소 사랑하는 짜장소스, 얼큰한 국물과 오동통한 면발이 만나 환상적인 조화를 이룹니다. 영화 〈기생충〉에서 소고기 채끝을 넣어 호사스럽게 재해석됐던 전 국민의 간식, '짜파구리'를 만들어 볼 작정입니다. 하나 다른 점이 있다면, 풍미를 위해 파 기름을 만든 다음 볶는 과정을 더했다는 것. 수프 가루와 함께 볶는 과정이 남아 있으므로 면은 덜 익었다 싶을 정도로 살짝 꼬들꼬들하게 삶아주세요.

Recipe

대파를 듬성듬성 썰어 기름을 듬뿍 두른 팬에서 센 불로 튀기듯이 볶다가 채끝을 넣어 살짝만 익혀주세요. 꼭 채끝이 아니어도 됩니다. 안심, 부챗살, 꽃등심 등등 기호에 따라, 주머니 사정이 허락하는 만큼 준비하면 됩니다. 성패는 수프 가루의 양 조절에 달려 있습니다. 짜장라면 1 : 너구X 0.8' 정도의 비율이면 됩니다. 흔히 만들기 쉬운 요리를 '라면 끓이기만큼 쉽다'고 표현하곤 합니다. 지지고 볶는 과정을 더해 라면 끓이기 스킬을 1.5배 정도 '레벨업' 하는 것만으로도 근사하고 훌륭한 요리가 됩니다.

조리도구 • 냄비, 팬, 칼, 도마	
준비물(2인분) • 짜장라면·너구X 각 1개씩, 소고기 채끝 부위 200g, 대파 2대, 식용유 1큰술	
소요시간 • 15분	먹어 없어지는 시간 • 5분
난이도 • ★★	
이런 캠퍼에게 추천 • 인스턴트 요리만큼의 수고로 일품 요리의 맛을 느끼고 싶다면	

전복미역국라면

라면 요리 끝판왕 ②

드라마 〈멜로가 체질〉의 한 장면을 떠올립니다. 남자는 낙담한 여자를 위해 라면 한 그릇을 끓입니다. 우묵한 팬을 잘 달궈 소고기와 미역을 볶다가, 물을 넣고 라면 사리를 넣습니다. 이토록 정성스러운 라면이라니, 아픔을 부드럽게 어루만지는 위로의 한 그릇입니다. 열심히 일상을 살아낸 나에게도 따뜻한 미역국라면 한 그릇 대접해야겠습니다. 캠프의 아침과도 잘 어울리는 메뉴입니다.

Recipe

준비물은 라면과 즉석 미역국이면 됩니다. <멜로가 체질>의 원본 레시피보다 쉽고 빠르게 먹고 싶으니까요. 소고기 대신, 쿨러에 전복이 있어서 넣어봤습니다. 채끝짜파구리의 미역국라면 버전이랄까요. 라면은 '스X면'처럼 얇은 면이 미역의 식감과 잘 어울립니다. 보통 라면 끓이는 당식으로 하되 라면 수프 대신 즉석 미역국 건조 블록을 넣어주면 됩니다. 차라리 라면+미역국 일체형인 '오뚜X 미역국 라면'을 먹는 게 편하지 않겠냐고요? 미역의 양은 즉석 미역국을 따로 넣는 편이 훨씬 더 많습니다. 작은 전복이라도 몇 개 넣으면 풍미가 살아납니다.

조리도구 ◆ 냄비, 버너		
준비물(1인분) ◆ 라면과 즉석 미역국 1개, 인원이 많아지면 하나씩 늘려서 준비, 전복은 선택 사항		
소요시간 ◆ 5분	먹어 없어지는 시간 ◆ 5분	난이도 ◆ ★
이런 캠퍼에게 추천 ◆ 간단하지만 든든한 한 끼를 원한다면		

사골만두라면

라면 요리 끝판왕 ③

편의점에서 공수한 재료로 만드는 캠핑 요리는 '맛 없을 수 없는 맛'을 지향합니다. 모든 재료가 그냥 먹어도 될 만큼 각각의 맛에 충실하니 재료들을 합쳤을 때 '후퇴하지 않는 맛'이 나오기 때문입니다. '밀가루+밀가루'는 이 지향점에 딱 들어맞는 맛입니다.

Recipe

사골곰탕맛 라면에 만두를 넣어 끓였습니다. 봉지라면보다는 얇은 면발의 컵라면이 식감이 더 좋습니다. 보다 빨리 익기도 하고요. 컵라면에 표시된 선까지 물을 계량하면 물 조절도 정확하게 할 수 있습니다. 칼칼한 김치만두, 담백한 고기만두 등 만두는 취향껏 선택하세요. 국물까지 '원샷' 하고 나면 딱 한 가지 생각이 듭니다. '아… 밥 말아야 하는데…'

조리도구	팬, 버너
준비물(1인분)	사골곰탕맛 컵라면 1개, 편의점용 냉동만두 1팩
소요시간	5분
먹어 없어지는 시간	5분
난이도	★
이런 캠퍼에게 추천	영혼을 위로해주는 뜨끈한 한 그릇이 필요하다면

필살의 편의점 메뉴들

백패커를 위한 초간단 요리법

    등짐이 전부였던 시절을 떠올립니다. 사실 캠핑에 처음 입문하게 된 건 백패킹의 매력을 알고부터였습니다. 커다란 배낭에 텐트, 매트, 침낭, 조리도구 등을 모두 넣어 떠나는 들살이의 충만함이란, 직접 경험해보지 않고는 짐작할 수도 없을 겁니다.

    다만, 백패킹을 즐기면서 간과한 부분이 있었습니다. 저는 '식食' 위주의 캠퍼라는 것을요. 소박한 장비로 '꽁냥꽁냥' 캠핑하는 재미도 있었으나, 아웃도어 키친에 대한 로망으로 짐은 산더미처럼 늘어만 갔습니다. 결국 마지막으로 구입한 캠핑 용품이 '자동차'가 될 정도로 살림이 늘고야 말았습니다. 역시나 백패킹에서 가장 중요한 건 짐의 '무게'입니다. 짊어질 수 있는 무게만큼만 챙겨야 하기에 꼭 필요한 도구와 물건만을 선택해야 합니다. '쓸까 말까?' 망설이게 만드는 장비는 결국 발걸음을 더욱 무겁게만 합니다.

물론 지금도 '미니멀'을 열망합니다. 이전의 경험을 살려 종종 백패킹으로 훌쩍 떠나기도 하죠. 그럼에도 불구하고 먹거리는 포기할 수 없습니다. 조리하는 데 최소한의 도구, 최소한의 식재료를 사용해 맛있게 만들어 먹으면 되니까요. 단, 먹고 나서 뒤처리를 쉽게 하려면 양념이 많이 묻어나는 요리보다는 본연의 재료 자체를 그대로 또는 익히기만 하는 정도의 조리법이 적당합니다.

　사실 거창한 음식도 필요 없습니다. 구름이 발아래 깔린 높다란 산봉우리에서, 먼바다의 외딴 섬에서 먹는 음식은 '시장이 반찬'일 때가 많으니까요. 편의점 음식으로 간단하게 끼니를 해결할 수도 있습니다. 때로는 비화식(불을 전혀 사용하지 않는)도 좋습니다. 소박한 들살이를 즐기면서 맛을 포기할 수 없는 당신에게 가성비와 가심비를 둘 다 만족시킬 만한 음식들을 소개합니다.

녹차물밥 (오차즈케)

삼각김밥의 변신 ①

조리도구 ◆ 팬, 버너
준비물 ◆ 삼각김밥(불고기) 1개, 장조림 통조림 1개, 반숙 달걀 1개, 녹차 1병

    녹차물밥은 입맛 돋우기 좋은 음식이지요. 일본 드라마 <심야식당>에는 '오차즈케 시스터스'가 등장합니다. 야심한 밤에 '명란·매실·연어오차즈케'를 주문하는 모습을 보고 있자면 따라서 메뉴를 외치고 싶어지기도 합니다. 입맛 없을 때 눌은밥에 물 말아 먹었던 기억을 살려 편의점 스타일 녹차물밥을 만들어 보았습니다. 먼저 편의점 매대에서 가장 좋아하는 맛의 삼각김밥을 구입해옵니다. 김을 벗긴 누드 삼각김밥을 마른 팬에 중불로 살짝 굽습니다. 심심하다 싶어 장조림을 올렸는데, 토핑은 연어 통조림이나 기름 뺀 참치로도 변경 가능합니다. 마지막으로 녹차(말차)를 자작하게 부어주면 완성!

김치볶음밥

삼각김밥의 변신 ②

조리도구 • 팬, 버너

준비물 • 삼각김밥(비빔밥) 1개, 볶음김치 1팩, 반숙 달걀 1개

　　닭볶음탕, 즉석 떡볶이, 곱창전골, 아귀찜 등등을 먹고 난 후 1등으로 생각나는 게 무엇일까요? 바로 볶음밥입니다. '기·승·전·볶음밥'은 백패킹에서도 통합니다. 힘들게 산을 올라와 숙영지를 마련하고 난 뒤에 출출함을 달래고 싶다면, 챙겨온 삼각김밥을 꺼내봅니다. 볶음밥을 만들려면 비빔밥 종류의 삼각김밥이 적당합니다. 김을 벗긴 삼각김밥을 볶음김치와 함께 볶아주세요. 밥알에 양념이 고루 스며들도록 섞는 것이 중요합니다. 볶음밥의 고정값, 달걀프라이는 반숙 달걀로 대신했습니다. 마지막으로 벗겨낸 김을 잘게 썰어 흩뿌려주면 칼칼한 김치볶음밥 완성!

DIY 샌드위치

비화식도 풍족하게

조리도구 • 접시, 칼

준비물 • 치즈번 1팩(4~5개), 샐러드 스프레드 1팩, 딸기잼(튜브형) 1개, 슬라이스치즈 5~6장

간혹 화기 사용이 어려운 상황도 있습니다. 이럴 때 날것만 씹어 먹을 순 없죠. 무언가 풍족한 식감이 필요합니다. 편의점에서 판매하는 빵은 각종 토핑을 더한 '화려함'보다는 단순하고 밍밍한 맛을 내는 것들이 대부분입니다. 눈물 젖은 빵을 씹기 전에 간단하지만 다양한 맛을 느낄 수 있는 샌드위치 제조법을 알려드립니다. 빵은 최대한 밍밍한 것으로 준비해주세요. 빵의 위쪽에는 딸기잼을, 아래쪽에는 샐러드믹스를 발라줍니다. 그리고 슬라이스 치즈는 넘치게 넣어주세요. 편의점마다 구비해 둔 샐러드믹스의 맛이 다를 테니 오늘은 감자로, 내일은 고구마로, 다른 날은 달걀이 주가 되는 두툼한 샌드위치를 즐길 수 있습니다.

나누면 즐겁다
우리를 위한 요리

매번 캠핑 때마다 상다리 휘어지게 요리를 하는 건 아닙니다.
솔직히 가끔 귀찮기도 하죠. 집에서 하는 일, 나와서도 한다고 생각하면
약간 억울한 기분까지 들기도 합니다. 그렇다고 포장 음식이나 레토르트 식품만
삼시세끼 먹을 순 없죠. 그것들을 마주하다 보면 결국 어쩔 수 없는 요리 본능이
되살아나곤 합니다. 간단하게, 든든하게 즐길 수 있는 메뉴를 여기 모았습니다.
여럿이 나눠 먹기 좋도록 대용량으로 준비했습니다.

카레라이스

추억으로 먹는 맛

저녁 반찬으로 카레를 만드는 날은 엄마와 마주 앉아 채소를 썰곤 했습니다. 온 집 안에 맵고 알싸한 냄새가 가득했지만 울퉁불퉁한 카레 건더기를 보며 조금은 뿌듯해하기도 했었죠. 그 순간을 떠올리는 것만으로도 마음이 조금은 따뜻해지는 것 같습니다. 그 따뜻한 한 그릇을 나누어 드립니다. 물 조절, 불 조절만 신경쓰면 실패할 리 없습니다.

Recipe

양파, 당근, 감자 등 채소를 작은 주사위 모양으로 썰어주세요. 0번에는 돼지고기 대신에 닭가슴살을 넣어보았습니다. 재료들을 기름에 살짝 볶다가, 재료가 잠길 정도로만 물을 부어 익힙니다. 어느 정도 익으면 카레분말을 넣는데, 금세 되직해지므로 농도와 간을 봐가며 카레분말과 물의 양을 조절해주세요. 카레는 밥이나 면 또는 빵 어느 것과도 잘 어울립니다. 퉁퉁 불어 버리거나 상할 염려도 없으니 두고두고 먹기에도 좋습니다. 매콤한 카레의 완성 단계에 코코넛밀크를 넣어 풍미를 더했습니다. 여기에 부드러운 식감의 아보카도는 화룡점정입니다.

조리도구	냄비, 버너, 칼, 도마, 그릇
준비물(4인분)	카레분말(고형, 액상도 무방) 4인분, 당근 1개, 양파 1개, 감자 2개, 닭가슴살 200g, 아보카도 1개, 코코넛밀크 200mL
소요시간	30분
먹어 없어지는 시간	10분
난이도	★★
이런 캠퍼에게 추천	화수분 같은 '곰솥카레'가 필요한 가족 캠퍼들

삼겹숙주볶음

요리가 된 삼겹살

삼겹살은 캠핑 요리의 단골 재료입니다. 지방 함량이 높아 조금 걱정스럽다고요. 미세먼지를 잔뜩 먹고 캠핑장까지 달려왔다면 돼지고기는 더 이상 식재료가 아니라 약입니다. 1970년대 탄광 근로자들이 돼지고기를 즐겨 먹었다는 사실은 널리 알려져 있죠. 실제로 한국식품연구원이 중금속 흡입 가능성이 큰 작업장에서 근무하는 근로자 58명에게 돼지고기를 섭취하게 하여 실험했는데 납은 2%, 카드뮴은 9%가량 감소했다는 연구 결과가 발표됐답니다. 자, 열심히 자기합리화를 마쳤다면 이제 삼겹살을 팬에 구워봅니다.

Recipe

먼저 파·마늘 듬뿍 넣은 기름에 삼겹살을 볶습니다. 대패삼겹살처럼 얇은 것이 좋습니다. 빨리 익혀서 먹을 수 있으니까요. 느끼함을 잡아주는 알싸한 생강도 추가합니다. 간은 굴소스 두 번 휙휙 돌려주어 맞추고요. 숙주와 청경채를 넣어 마무리하면 됩니다. 채소를 넣을 때는 꼭 센 불로 조리해야 하는 거 잊지 마세요.

조리도구 ◆ 팬, 버너, 칼, 도마	
준비물(2인분) ◆ 대패삼겹살 400g, 숙주 100g, 청경채 100g, 다진 파·다진 마늘 1큰술씩, 다진생강 ½작은술, 굴소스 1큰술, 식용유 적당량	
소요시간 ◆ 15분	먹어 없어지는 시간 ◆ 5분
난이도 ◆ ★★	
이런 캠퍼에게 추천 ◆ 어른아이 할 것 없이 채소를 편식하는 캠퍼들	

만두피피자

마음껏 한 판 더

동그란 피자를 쓰윽~ 잘라냅니다. 공평하게 나눠 먹어야 하니 조금 작거나 크지 않게 같은 크기로 잘라내야겠군요. '치즈 덕후'의 취향에 맞게 피자치즈가 죽~ 늘어납니다. 이번 판은 채소의 아삭거림이 특색인 피자군요. 다음 판에는 버섯이나 햄, 새우, 베이컨 등 좋아하는 재료를 내 맘대로 넣어보세요. 특색 있는 DIY 피자가 완성됩니다. 피자 만드는 게 번거롭지 않겠냐고요? 만두피만 있다면 얼마든지 만들어낼 수 있습니다.

Recipe

만두피를 여러 겹 겹쳐서 팬에 깔고 길쭉하게 썬 양파, 피망, 햄, 버섯 등을 올려줍니다. 토마토소스는 케첩으로 간소화했습니다. 피자치즈를 잔뜩 올리고 뚜껑을 덮은 다음 약불로 조리합니다. 치즈가 쓰윽 녹을 정도가 되면 알맞게 익은 겁니다. 자, 이렇게 몇 판을 먹어도 부담 없는 만두피피자가 완성됐습니다. 주저하지 말고 "한 판 더!"를 외치세요.

조리도구	팬, 버너, 칼, 도마, 그릇
준비물(2인분)	만두피 1팩, 파프리카 1개, 햄 100g, 모차렐라치즈 200g, 버섯(표고버섯, 양송이버섯 등) 3~4개, 케첩 2큰술
소요시간	15분
먹어 없어지는 시간	'함나함나함' 정도의 찰나
난이도	★★
이런 캠퍼에게 추천	버섯 많이! 햄 많이! 취향 저격 피자의 무한 리필을 원한다면

비어캔치킨

맥주에 빠진 고기 ①

> **알아두세요**
> 은근하게 불타는 숯을 사용하세요. 그 은근하게 불길이 올라오면 겉은 타고 릴 망까지 속은 익지 않게 됩니다. 불길이 그릴 망 을 넘지 않도록 불 조절이 필요합니다.

비어캔치킨을 처음 만난 건 '접대캠'(캠핑 용품과 캠핑 지식이 전무한 초심자를 초대해 캠핑의 즐거움을 맛보게 하는 일)에서였습니다. 그 당시 캠프의 호스트는 능숙하게 닭을 매만지며 갖은 양념으로 옷을 입히고 멋진 틀에 넣어 화로대에 올렸습니다. 그리고 힘든 기다림이 이어졌죠. 뚜껑 너머 치킨의 향은 솔솔 풍겨오는데 호스트는 '아직 열면 안 돼!'를 외칠 뿐.

Recipe

일단 허기를 느끼기 한참 전에 요리를 시작하는 것이 관건입니다. 조리 시간이 길어 공복은 위험합니다. 닭은 깨끗하게 씻어 목, 다리 안쪽, 날개 끝 등의 지방을 제거해주세요. 닭 표면에 바르는 럽rub은 시판 시즈닝 파우더를 취향껏 섞어 만들면 됩니다. 허브솔트에 카레 분말을 섞어 손쉽게 만들 수도 있답니다. 닭 엉덩이 부분에 반 정도 남은 맥주를 끼워 화로대에 올립니다. 기성품으로 판매하는 전용 뚜껑도 있지만-(일회용품) 쿠킹 포일로 피라미드 모양을 만들어 사용해도 충분합니다. 조리 중간 뚜껑을 열어 닭 표면에 맥주를 조금씩 뿌리면 '겉바속촉'의 비어캔치킨, 완성입니다. 보들보들한 닭고기가 입안에 가득찰 때, 인고의 기다림은 금세 잊힙니다.

조리도구	화로대, 그릴 망, 칼, 도마, 쿠킹 포일
준비물(2인분)	닭 1마리, 캔맥주 500mL, 시즈닝 파우더 적당량
소요시간 ◆ 2시간	**먹어 없어지는 시간** ◆ 10분 　　**난이도** ◆ ★★★★
이런 캠퍼에게 추천	캠핑 요리 솜씨를 한껏 포장하고 싶다면

맥주수육

맥주에 빠진 고기 ②

뜬금없이 고백합니다. 저는 육식주의자입니다. 고기를 무척 좋아…, 아니 사랑합니다. 그렇다고 편식을 하지는 않습니다. 채소도 좋아하니까요. 네, 맞습니다. 다 좋아한다고요. 그래서 고기와 채소, 양념까지 모은 수육 한 상을 준비했습니다. 삼겹살을 맥주에 삶아 잡내를 없애고 부드러운 질감을 살렸습니다. 목살이나 앞다리살도 좋습니다.

Recipe

간단합니다. 삼겹살 덩어리를 맥주에 넣고 끓이기만 하면 끝! 맥주는 페트병에 든 싸고 양 많은 것을 써도 좋습니다. 끓일 때는 뚜껑을 꼭 덮어주시고 맥주가 흘러넘치지 않게 이따금 불 조절만 하면 됩니다. 쌈무와 고수에 고춧가루 양념을 해서 곁들이 반찬도 같이 준비했습니다. 된장은 사이다를 만나 청량감 있는 드레싱이 되었습니다.

조리도구	캠핑코펠, 버너, 칼, 그릇
준비물(2인분)	통삼겹 600g, 맥주 500mL
[곁들이 반찬] 쌈무·고수·고춧가루 ½큰술 [드레싱] 된장 1큰술·사이다 ½큰술	
소요시간 • 60분	먹어 없어지는 시간 • 30분 난이도 • ★★★
이런 캠퍼에게 추천 • 에너제틱한 캠핑을 목표하는 박애주의자, 육식주의자	

즐거운 먹캠, 이렇게 준비하자

#요리발 잘 받는 도구들

처음엔 굽거나 삶거나 하는 행위가 대부분이라 여러 사이즈의 냄비와 팬이 포함된 코펠 세트만으로도 충분했습니다. 시간이 지날수록 조리 과정이 디테일하게 나뉜다는 걸 체험했습니다. '굽기'의 과정 하나를 하더라도 식재료의 특성에 따라 때론 거칠게, 때론 부드럽게 요리하고 싶어졌습니다. 솔직히 남들과 조금 달라 보이는 '무기'를 갖고 싶었다는 점도 부인할 수는 없네요. 다년간 필요에 의해서 조금씩 늘려간 남다른 조리 도구의 목록을 소개합니다. 목수는 연장 탓을 안 한다죠. 하지만 좋은 도구는 요리를 즐겁게 해주는 건 분명합니다. 당신의 야외 주방을 더욱 즐겁게 만들어주는 도구들을 소개합니다.

그리들 & 스킬렛

가마솥으로 지은 밥이 유난히 맛있는 것처럼 무쇠 재질의 팬은 각종 요리 재료의 맛을 최대한 살려주는 특징이 있습니다. 번거로움에도 무쇠팬을 쓰는 이유입니다. 무쇠팬은 크게 2가지 종류로 나눌 수 있습니다.

- **그리들** griddle 철판의 일종으로 테두리가 없는 두꺼운 철판으로 각종 요리를 불 위에서 할 수 있도록 만들어진 조리 도구. 메인 요리뿐 아니라 곁들여 먹는 음식들도 같이 올려서 즐기기에 적당한 크기.
- **스킬렛** skillet 무쇠 팬, 그리들보다 크기가 작지만 테두리가 있음. 다양한 종류의 크기로 조리한 팬 그대로 플레이팅처럼 음식을 내는 데도 적합함.

마이크로캡슐(미니 더치)

서양식 무쇠솥인 더치오븐은 조리하는 음식에 열을 고르게 전달하는 역할을 합니다. 오븐처럼 음식을 조리하기에 좋은데 10kg이 넘는 무게의 압박으로 접근하지 쉽지 않은 것이 사실입니다. 더치오븐이 부담스럽다면 일명 미니 더치로 불리는 '마이크로캡슐'을 추천합니다. 통삼겹, 닭봉 같은 구이부터 튀김요리, 스콘 같은 빵도 구울 수 있는 만능 도구입니다. 다만 무쇠 재질이라 잘 길들여야 합니다.

그리들

미니 더치

무쇠팬 길들이기

코팅되지 않은 팬에 기름을 칠해 표면을 매끄럽게 하는 작업을 시즈닝이라고 합니다. 처음 팬을 구입하면 표면이 울퉁불퉁해서 음식이 달라붙는데 이때 시즈닝이 보호제 역할을 합니다. 무쇠 재질의 팬은 사용할수록 코팅이 두꺼워지기 때문에 사용하는 동안에도 틈틈이 시즈닝을 해야 합니다. 무쇠팬을 쓰고 싶지만 이런 과정이 번거롭다면 에나멜 코팅이 된 것으로 구입하면 되는데 가격이 좀 나가는 편입니다.

1. 구입 직후 세제로 거품을 많이 내서 앞면과 뒷면을 깨끗하게 닦아줍니다. 이후 베이킹 소다를 이용해서 구정물이 나오지 않을 때까지 약 5~10번 정도 닦으며 헹궈냅니다.
2. 잘 씻은 팬을 버너 위에 올려 열을 가해 물기를 제거하는데 이때 녹이 올라와도 놀라지 마세요.
3. 기름을 두르고 키친타월로 닦아내는 과정인데 거뭇한 기운이 묻어 나오지 않을 때까지 반복해주세요. 무쇠 재질의 팬 길들이기는 수행의 과정과도 비슷합니다.
4. 바로 사용해도 되지만 쇠 냄새가 남아 있을 때는 얇게 썬 양파를 볶은 다음 깨끗하게 닦아내 건조시키면 시즈닝 과정이 끝납니다.

화로대

불멍을 즐겼나요? 이제 잘 익은 숯이 기다리고 있습니다. 은은한 잔불에 고구마나 마시멜로우를 구울 수도 있지만 화로대는 그 자체로 훌륭한 조리 도구입니다. 넘치는 화력으로 오랫동안 끓여야 하는 수육이나 백숙 조리에 안성맞춤입니다. '불맛' 또한 화로대의 장점입니다. 그냥 화로대 위에 올리는 것만으로 직화구이의 맛이 재현됩니다. 다만 은은한 불길이 필요합니다. 구이를 할 때는 불길이 그릴 위로 활활 타오르지 않게 주의하며 불 조절을 해주세요.

구이바다형 버너

버너와 그에 맞는 냄비가 세트로 이루어진 제품입니다. 냄비는 국물요리부터 볶음요리까지 가능합니다. 그릴을 이용해 가스불 직화도 할 수 있습니다. 최근에는 세라믹 재질로 된 제품도 생산되어 하나의 냄비로 모든 요리를 하기에 편리합니다. 구이, 볶음, 탕으로 이어지는 캠핑 요리 연쇄 작용이 일어납니다.

전골 냄비

전골 냄비는 어묵탕, 마라탕, 샤부샤부 등 대용량으로 조리해야 하는 음식에 적당합니다. 무게와 수납의 압박에 스테인리스 제품을 사용하고 있는데요. 겨울철 등유 난로 위에 전골 냄비를 올려 국물을 무한 리필 하다 보면 어느 포장마차 부럽지 않은 낭만을 느낄 수 있습니다.

#돌려쓰는 만능 재료

삼겹살, 갈비구이, 밀푀유전골, 닭꼬치, 닭발, 라면, 감바스, 곱창전골, 떡갈비, 장어구이, 떡볶이 등등… 자주 해 먹는 요리의 목록은 끝이 없습니다. 요리에는 주재료와 부재료가 필요하죠. 고기나 생선이 주재료라면 채소 등은 부재료라고 할 수 있습니다. 파, 양파, 마늘은 빠지지 않는 부재료입니다. 혼한 재료 말고 그 자체로 먹어도 되고 다른 것들과도 적절히 어울리는 재료들을 소개합니다. 공통점은 그대로 먹어도 되고 다른 것들과도 어디에든 조화를 이루는 존재들 입니다. 주연과 조연의 경계를 넘나드는 '토마토, 아보카도, 파프리카'가 그 주인공입니다.

토마토

그 자체로 싱그럽습니다. 썰어서 샐러드에 넣거나 설탕을 솔솔 뿌려 정겨운 디저트로 즐길 수도 있습니다. 스튜에서는 깊은 맛을, 김치찜에서는 감칠맛을 돋우기도 합니다.

아보카도

익지 않은 아보카도는 얇게 썰어 굵은 소금과 곁들여 식전 음식이나 간단한 안주로 즐기기에 좋습니다. 푹 익어 물컹한 아보카도는 잘게 썬 토마토, 양파와 섞어 디핑 소스로 활용하거나, 통째로 익혀 뭉근한 푸딩 같은 질감을 느껴볼 수도 있습니다.

파프리카

파프리카는 샐러드부터 볶음요리까지 빠지는 곳이 없습니다. 길쭉하게 썰어 스틱으로 먹거나 통째로 구워 속살만 발라내던 달콤한 파프리카를 경험할 수 있습니다. 윗부분만 잘라내 다진 새우 등을 넣어 쪄내면 그 자체로 그릇의 역할을 합니다.

자연과 가까이
채식 지향 메뉴

육식을 사랑하는 저의 쿨러는 '고기, 고기, 고기'로 가득합니다. 하지만 깊은 숲속에 텐트를 치고 가만히 앉아 있을 때면, 이따금씩 '더불어 사는 세상'이란 무엇인지 고민하게 됩니다. 게다가 비건인 캠퍼 친구는 이렇게 일갈하죠. "비건이라고 풀만 먹진 않아!" 채식주의에도 여러 단계가 있다는 사실을 깨닫습니다. 저도 오늘은 '채식 지향 메뉴'를 시도해볼까 합니다. 비건 친구가 다시 한 번 거듭니다. "100% 비건이 아니어도 좋고, 가끔이라도 시도하는 데 의미가 있어."

채식 지향 단계
소나 돼지를 먹지 않고 닭고기는 허용하는 폴로pollo,
모든 고기를 금하나 해산물은 섭취하는 페스코pesco
달걀이나 우유의 섭취는 인정하는 락토오보lacto-ovo
완전히 채식만을 지향하는 단계인 비건vegen

lacto-ovo

바나나토스트

바나나, 안 반하나

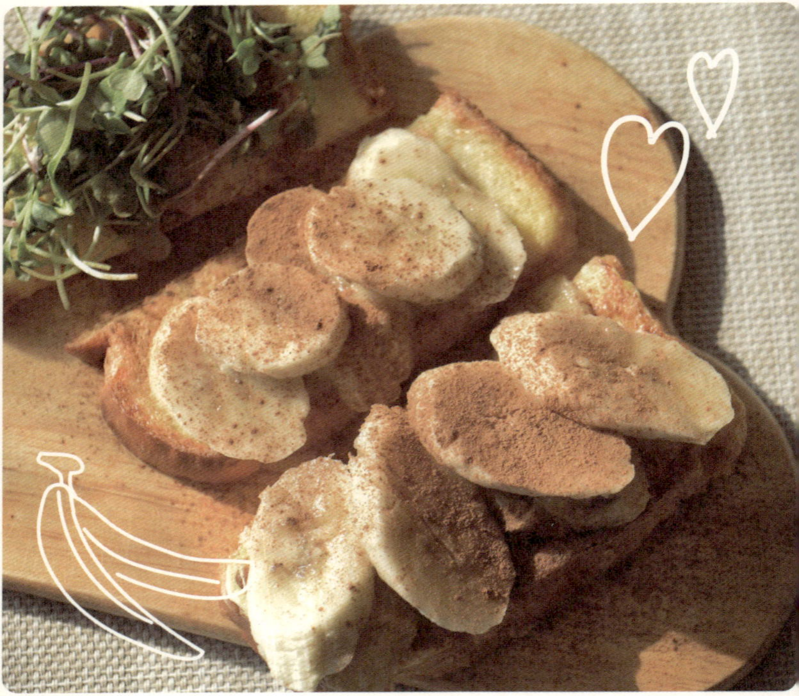

국민학교 시절(저 어릴 적엔 초등학교가 아니라 국민학교였죠) 약간의 허기와 함께 하교하면 식탁 위엔 엄마가 만들어주신 달걀식빵이 있었습니다. 다들 아시죠? 식빵에 달걀물 듬뿍 적셔 구워낸, 설탕까지 살살 뿌려진 그것은 세상에서 가장 맛있는 간식이었습니다. 식어 있어도 몇 개라도 먹을 수 있었죠. 아, 그리웠던 그 맛을 다시 만들어보았습니다.

Recipe

사랑스러운 식재료인 달걀에 조신하게 식빵을 적셔주세요. 식빵 살 때 200mL 우유 한 팩 사서 절반만 달걀물에 섞어 주면 더없이 부드러워지겠죠. 없어도 괜찮습니다. 버터 두른 팬에 앞뒤로 노릇하게 구운 뒤 달콤한 맛을 극대화하기 위해 바나나를 구워 올렸습니다. 무려 설탕에 코팅한 바나나구이를 말이죠. 약간의 느끼함은 알싸한 계핏가루로 잡아주고요. 어린잎채소를 듬뿍 올리면 브런치로 내놔도 손색없는 바나나토스트가 완성됩니다. 자, 이젠 바나나토스트에 반할 시간입니다.

조리도구 • 팬, 도마, 칼		
준비물(2인분) • 식빵 4장, 달걀 4개, 바나나 2개, 설탕 1작은술, 계핏가루 ½작은술, 버터 약간, 어린잎채소 한 줌		
소요시간 • 10분	먹어 없어지는 시간 • 5분	난이도 • ★
이런 캠퍼에게 추천 • 사이트 정리하느라 지쳐서 당도 높은 간식이 필요할 때		

lacto-ovo

뜨거운감자

오늘밤 주인공

좋은 감자 고르기
보기 좋은 감자가 먹기에도 좋답니다.
1 형태가 균일하고 색깔과 광택이 좋은 것
2 울퉁불퉁하지 않고 둥글둥글한 것
3 싹이 나지 않고 씨눈이 트지 않은 것

어느 추운 날의 바닷가였습니다. 파도도 얼어버릴 만큼의 맹추위였죠. 난로 앞에 옹기종기 모였습니다. 셸터 안에 설치한 등유 난로는 훈훈한 온기도 제공하지만 그 자체로 스토브 역할도 합니다. 나른한 오후 시간에 어울리는 음식으로 감자요리가 떠올랐습니다. 사실 감자는 어떤 방식으로 요리해도 맛있는 식재료입니다. 감자전, 감자떡, 감자볶음은 물론이고, 해외에서도 스위스식 감자전인 뢰스티, 이탈리아의 뇨키, 유대인이 즐겨 먹는 감자 팬케이크 랏키, 울퉁불퉁한 감자튀김인 해시브라운을 즐겨 먹죠. 하지만 이번엔 기존의 감자요리와 다른, 신개념 메뉴를 소개합니다.

Recipe

깍두기 모양으로 썬 감자를 버터 듬뿍 넣어 지글지글 볶다가 6등분한 레몬, 성성듬성 썬 아보카도, 치즈가루를 볶아내면 끝입니다. 치즈 가루를 듬뿍 뿌리는데 죄책감을 느끼지 마세요. 감자에 레몬 조합이 어색해 보이겠지만 레몬은 감자가 식더라도 보들보들한 식감을 유지하는 역할을 합니다.

조리도구	팬, 도마, 칼
준비물(2인분)	감자 3개, 아보카도 1개, 레몬 ½개, 파르메산 치즈가루 ½작은술, 버터 50g
소요시간 • 20분　먹어 없어지는 시간 • 식기 전에 싹싹 비워야　난이도 • ★★	
이런 캠퍼에게 추천 • 슴슴하고 속 편한 아침 메뉴를 찾는다면	

pesco

3

두유크림명란파스타

두유 노우, 두유 파스타?

파스타의 종류는 지역과 제철 재료의 조합만큼이나 다양합니다. 면을 삶아 소스에 비비는 간단한 조리법이니 남을 위해 요리하기에도 좋습니다. 남자라면 흰 셔츠의 팔 부분을 걷어 올리고 한 손으로 팬을 여유 있게 다루는 모습으로 '요섹남'의 매력을 어필할 수도 있을 거예요. 크림소스에 명란이 더해진 파스타는 어떤 맛일까요. 익히면 고소함이 더해지고 톡톡거리는 식감으로 경쾌함을 줍니다.

Recipe

탱탱한 찰기를 위해서 끓는 물에 올리브유와 소금을 조금 넣어 면을 삶아 주세요. 이때 제품 뒷면의 조리 시간보다 조금 짧게 삶아야 합니다. 해당 제품이 7분을 권장했으면 약 6분 정도 삶으면 됩니다. 담백함을 위해 소스는 생크림 대신 두유와 비건 치즈로 준비했습니다. 팬에 두유와 치즈를 넣고 끓어오르면 느타리버섯과 면을 넣어 면발에 소스가 스미도록 볶아줍니다. 소금으로 간하고 그릇에 담아요. 이제 명란을 구울 차례! 팬에 포일을 깔고 참기름을 살짝 바릅니다. 불의 세기는 아주 약한 불로 해주세요. 골고루 굴려 가며 굽고, 먹기 좋은 크기로 썰어 면 위에 올리면 고소하고 짭조름한 이색 파스타가 완성됩니다.

조리도구 • 냄비, 팬, 버너, 칼, 그릇		
준비물(2인분) • 스파게티면 200g, 느타리버섯 한 줌, 두유 500mL, 비건 치즈 100g, 명란 50g, 참기름 ½작은술, 올리브유 2큰술, 스금 ½작은술		
소요시간 • 20분	먹어 없어지는 시간 • 10분	난이도 • ★★★
이런 캠퍼에게 추천 • 채식지향 파스타의 맛이 궁금하다면		

vegan

두부누들샐러드

이토록 든든한 채식

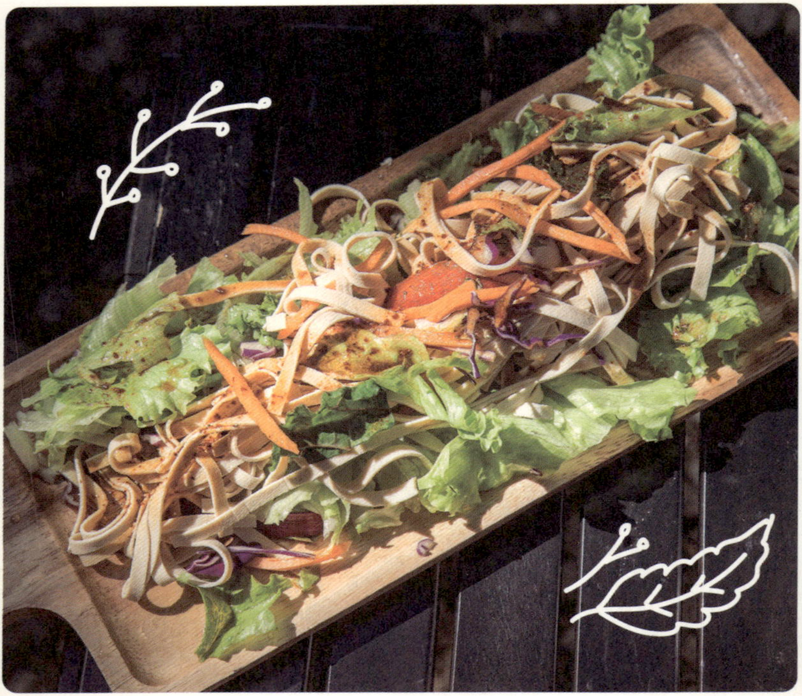

우대갈비, 장어구이, 짜파구리, 비어캔 치킨… 지난 주말 캠핑하며 먹은 음식들입니다. 오해하지 마세요. 푸드 파이터는 아닙니다. 다만 아침 먹으면서 점심 메뉴를 생각하는, 쉼 없는 먹캠을 즐기고 있습니다. 그러다 보니 동행인들에 의해 '만 칼로리 캠핑'이란 타이틀도 획득했습니다. 그래도 장을 보며 탄수화물, 단백질, 지방, 칼슘, 비타민, 므기질 등 '5대 영양소'의 구색을 갖추려는 노력은 합니다. 그래서 샐러드 믹스는 빼놓지 않고 구입하는 품목 중 하나입니다.

Recipe

이번엔 아삭한 채소가 주인공이 되는 요리를 준비했습니다. 두부로 만든 면을 더해 차가운 파스타로 만들었습니다. 채소만 깨끗하게 씻어주면 되니 요리 '똥손'이어도 쉽게 준비할 수 있습니다. 오리엔탈, 키위, 유자, 흑임자 등등… 드레싱은 취향껏 골라 뿌려주세요. 샐러드만 먹기에 헛헛하지 않을까 생각했는데 두부면이 묵직하고 든든하게 배를 채워줍니다. 동행들로부터 '만 칼로리 캠핑의 죄의식을 덜어냈다'라는 평을 들었습니다.

조리도구 • 접시	
준비물(2인분) • 샐러드 믹스 1팩, 두부면 1팩, 취향껏 고른 드레싱 적당량	
소요시간 • 3분	먹어 없어지는 시간 • 5분
난이도 • ★	
이런 캠퍼에게 추천 • '만 칼로리' 죄의식으로부터 벗어나고 싶다면	

vegan

5

우엉튀김

바삭바삭 맥주 도둑

알아두세요

잔뿌리가 많지 않고 매끈한 모양이라면 좋은 우엉입니다. 날씬한 것보다는 통통한 게 좋습니다. 건조할수록 질겨지니 표면이 마르지 않은 것으로 골라야겠죠. 뿌리채소 특성상 표면에 흙이 많이 묻어있으니 흐르는 물에 깨끗이 씻고 필러(감자 깎는 칼)를 이용해 손질합니다. 자르자마자 갈변 현상으로 색이 변하기 때문에 식초를 몇 방울 푼 물에 잠시 담가 두어야 합니다.

아삭한 식감, 은은하게 알싸한 향을 지닌 우엉은 섬유질까지 풍부해 '착한 식재료'라 불릴 만합니다. 주로 도시락 반찬으로 등장하거나, 김밥 속재료로만 만나볼 수 있었죠. 조연에 가까웠던 우엉을 주인공으로 내세운 메뉴가 바로 이 우엉튀김입니다. 우엉튀김은 단순하지만 주재료의 맛을 극대화한 요리입니다. 어른 손, 아이 손 할 것 없이 자꾸만 손이 가는 요리입니다.

Recipe

우엉은 칼로 자르는 것보다 필러로 얇고 길게 깎아내는 것이 좋습니다. 조리 시간도 줄이고 무엇보다 바삭한 식감이 일품입니다. 부피가 커 보여 많이 먹은 듯한 착각을 불러오는 것도 장점입니다. 손질한 우엉은 수분을 제거하고 재빠르게 튀겨냅니다. 한 김 식힌 후, 소금을 살살 뿌려주는 것만으로 요리가 완성됩니다.

조리도구	냄비, 버너, 필러, 그릇
준비물(2인분)	우엉 3대, 소금 적당량, 식용유 1L
소요시간	30분
먹어 없어지는 시간	30분
난이도	★★★
이런 캠퍼에게 추천	건강한 간식을 찾는다면, 건강한 안주(!)를 찾는다면

pesco

밀떡볶이

―――――――

쫄깃하게, 매콤하게

'나를 위로하는 음식'을 꼽는 설문조사에서 김치찌개와 삼겹살을 제치고 1위에 등극했다는 떡볶이. 다만 언제나 커다란 딜레마를 안깁니다. 쌀떡볶이냐, 밀떡볶이냐? 마치 해묵은 난제인 '엄마가 좋아, 아빠가 좋아'만큼이나 답하기 어려운 질문입니다. 쌀떡은 식감이 차지고 고소한 풍미가 좋지만, 오래 끓이면 퍼져버립니다. 반면 쫄깃한 식감의 밀떡은 조리할수록 안쪽까지 양념이 잘 배어듭니다. 삼투압 현상 때문인데요, 오래 끓여 두고 파는 길거리 떡볶이에 밀떡을 쓰는 까닭입니다. 네, 저는 밀떡파입니다.

Recipe

밀떡볶이 한 접시는 이렇게 만들어집니다. 밀떡, 어묵 많이, 대파, 양파 등을 준비해 적당한 크기로 썰어주세요. 양념장 만드는 걸 두려워하지 마세요. 고추장, 고춧가루, 간장, 설탕을 같은 비율로 섞으면 실패하지 않는 양념장이 됩니다. 매운맛을 좋아한다면 고춧가루의 양을 두 배로 늘려주세요. 마지막으로 삶은 달걀을 넣어주는 센스! 잊지 마세요.

조리도구 •	팬, 버너, 도마, 칼
준비물(2인분) •	밀떡 300g, 어묵 100g, 대파 ⅓대, 양파 1개, 고추장·고춧가루·간장·설탕 1½큰술씩
소요시간 • 20분	먹어 없어지는 시간 • 10분 난이도 • ★★
이런 캠퍼에게 추천 •	밀떡파로서 쌀떡파를 설득하고 싶다면

굽거나 튀기거나
불과 기름의 시간

튀김이나 구이처럼 평소 자주 해 먹지 못하던 요리들을 시도해도 좋습니다.
오픈키친에서는 가스레인지를 어지럽혔다는
이유로 누군가에게 '등짝 스매싱' 맞을 필요가 없으니까요.
튀김 요리는 지글거리는 소리와 고소한 냄새만으로 위장을 격렬하게 자극합니다.
여기 야외에서 맘 놓고 할 수 있는 쉬운 튀김과 구이 요리를 소개합니다.

골뱅이튀김

매콤달콤, 캠핑의 감칠맛

알아두세요
튀김 적정 온도 체크, 두려워하지 마세요! 젓가락 끝에 반죽을 살짝 묻혀 기름에 넣었을 때 바로 표면 위로 올라오면 튀기기 딱 좋은 온도 입니다.

또 한 번 고백하자면, 제 쿨러에서 가장 자주 발견되는 것이 골뱅이 통조림 캔입니다. 있는 그대로를 양념에 무쳐 먹어도 맛있고, 비빔라면에 함께 비벼 먹어도 맛있고, 튀겨 먹어도 이렇게나 맛있으니까요. "신발도 튀기면 맛있다"고 합니다. 뜨거운 기름에 재빨리 익혀 원재료의 식감이 살아 있고 기름의 고소한 맛까지 더해지기 때문이죠. 역시나 튀김은 실패할 확률이 낮은 요리입니다.

Recipe

튀김옷에는 물 대신 맥주를 넣어 바삭바삭함을 더했습니다. 튀긴 골뱅이의 감칠맛을 돋우는 건 양념입니다. 고추장과 케첩을 1:1 비율로 섞은 매콤달콤한 소스는 남녀노소 누구나 좋아하는 맛입니다. 소스를 튀겨낸 골뱅이 위에 붓고, 팬에 살짝 볶아주세요. 화끈한 맛을 원한다면 청양고추를 썰어 넣어도 좋습니다. 마지막으로 길게 썬 대파 가니시를 올려 멋스러움을 더했습니다. 아이들을 위해서는 케첩을 더 넣거나 올리고당을 첨가해 달콤하게 만들어 보세요. 튀기고 남은 기름 처리가 걱정이라고요? 남은 기름을 거름망에 걸러 밀봉만 잘한다면 여러 번 사용해도 문제없습니다.

조리도구 • 냄비, 버너, 도마, 칼, 그릇

준비물(2인분) • 골뱅이 통조림 1캔, 대파 1대
[튀김옷] 튀김가루 200g, 맥주 250mL, 식용유 1L [양념] 고추장·케첩 1큰술씩

소요시간 • 30분   **먹어 없어지는 시간** • 30분   **난이도** • ★★

이런 캠퍼에게 추천 • 무엇이든 튀기겠다는 도전정신의 소유자

멘보샤

화끈하고 매혹적인 너

단언컨대, 라면 끓이기만큼 쉬운 요리입니다. 만드는 방법을 간단히 '다지고-넣고-튀기기'로 설명할 수 있습니다 멘보샤는 식빵 사이에 다진 새우살을 넣고 튀긴 중국요리입니다. 중국어로 멘보는 빵, 샤는 새우를 뜻합니다. 식빵과 새우의 조합이 어색하게 느껴질 법도 하지만 고소한 풍미가 꽤나 매력적입니다. 차근차근 레시피를 따라온다면 TV에서 중식 셰프들이 선보였던 화끈한 그 맛을 흉내낼 수 있습니다

Recipe

먼저 좋은 새우를 준비해야겠죠. 껍질 벗긴 새우를 칼등으로 사정없이 다져 주세요 소금과 후춧가루를 살짝 뿌려 밑간을 하고 달걀흰자와 녹말가루를 한 스푼 정도 넣으면 더 고소한 맛을 낼 수 있습니다. 식빵은 테두리를 잘라 4등분하고, 샌드위치처럼 식빵 사이에 양념한 새우를 넣어주세요. 이제 튀기기 돌입. 보통의 튀김보다 저온(약 120℃)에서 튀깁니다. 식빵과 새우가 익는 온도가 다르기도 하고, 너무 센 온도에서 튀기면 식빵이 기름을 다 흡수해 버리기 때문입니다. 온도 체크는 식빵 테두리를 기름에 넣었을 때 바로 올라오지 않고 한 템포 쉬고 기름 표면으로 올라온다면 튀기기에 적당한 온도입니다. 양면이 노릇한 색을 낼 때까지 돌려가며 튀겨주세요

조리도구 ◆ 튀김 냄비, 칼, 도마	
준비물(2인분) ◆ 생새우(혹은 냉동새우, 칵테일 새우) 200g 식빵 6장, 소금 1작은술, 후춧가루 ½작은술, 녹말가루 1큰술, 달걀(흰자) 1개 식용유 1L	
소요시간 ◆ 25분 **먹어 없어지는 시간** ◆ 10초, '순삭' **난이도** ◆ ★★★	
이런 캠퍼에게 추천 ◆ 흥건한 기름 냄새에 취하고 싶다면	

솔캠 화로구이

완벽한 1인분의 즐거움

가끔은 혼자만의 시간을 갖고 싶어서 캠핑을 떠납니다. 조용히, 그리고 천천히 머물 자리를 마련하고 밥을 지으면서 무수히 많은 생각이 스쳐 지나갑니다. 이내 언제 그랬냐는 듯 용기가 생기곤 합니다. 홀로 캠핑, 그러니까 요즘 말로 '솔캠' 할 때에 빼먹지 않는 메뉴가 있습니다. 바로 소고기입니다. 일행들과 함께할 때는 호주산이나 미국산으로 준비하는데, 혼자일 땐 '한우'로, 그것도 '뿔뿔' 등급으로 준비합니다. 와자지껄 불판 앞에 모여 방금 핏기 가신 소고기를 허겁지겁 들지 않아도 된다니, 얼마나 평화로운가요. 이런 목소리가 들려오는 듯합니다. '너 참, 그동안 열심히도 살았다. 옛다, 보상이다!'

Recipe

고체 연료를 이용한 작은 화로에 정성스레 한 점씩 구워 맛봅니다. '성공한 삶의 맛도 충분히 음미합니다. '셰프 스페셜'이 별건가요. 고기에는 굳이 양념을 찍지 않아도 좋습니다. 본연의 육질을 충분히 감상하세요. 다만 약간의 소금 또는 고추냉이를 곁들여 보세요. 소고기는 자주 뒤집지 말고 윗면이 익었다 싶을 때 딱 한 번만 뒤집어 주는 게 '국룰'인 건 아시죠?

조리도구	고체 연료를 이용하는 화로, 집게
준비물(1인분)	꽃등심, 안심, 치마살, 부채살 등 질 좋은 소고기 양껏!
소요시간	고기를 굽는 찰나
먹어 없어지는 시간	10분. 체감하기에 그렇다는 말
난이도	★
이런 캠퍼에게 추천	솔캠의 즐거움을 증폭시키고 싶다면

4

샌드스모어

'불멍'의 다정한 벗 ①

겨울 캠핑이라면 온기가 절실합니다. 코끝 알싸한 추위는 캠핑의 꽃 '캠프파이어'를 즐기기에 좋은 시간이기도 하죠. 타닥타닥 조용히 타들어가는 불꽃을 바라보며 '불멍'하는 것만큼 매력적인 시간이 또 있을까요. 불멍의 시간은 천천히 흘러갑니다. 따스한 온기에 동행과의 대화는 깊어 갑니다. "그땐 내가 미안했어", "고마웠는데 어떻게 표현해야 할지 몰랐었어" 마음속에 묵직하게 내려놓았던 말들도 편안하게 나오곤 합니다. 이제 달콤한 위로가 필요한 시간이 왔네요. 자, 은은한 잔불을 이용한 요리를 하나 소개해 봅니다. 일명 '마시멜로 샌드위치'라 불리는 스모어입니다.

Recipe

우선 꼬치에 끼운 마시멜로를 모닥불에 살짝 구워 비스킷이나 통밀 크래커 사이에 넣어줍니다. 초콜릿 토핑도 빼놓을 수 없겠네요. 친구 또는 가족들과 모닥불 앞에 둘러앉아 같이 만들어보세요. 마시멜로 향기에 오늘 밤은 꿈마저도 달콤할 것 같습니다. 지구 몇 바퀴를 뛰어도 빠지지 않는다는 칼로리가 걱정되나요? 괜찮습니다. '맛있는 건 0칼로리'입니다.

조리도구	은은한 장작불, 길다란 꼬치
준비물(2인분)	마시멜로 200g 크래커 250~300g 초콜릿 1개(약 50g)
소요시간	5분　　　　　먹어 없어지는 시간 • 30분
난이도	★
이런 캠퍼에게 추천	달콤한 꿈을 꾸고 싶은 당신

5

브리치즈구이

'불멍'의 다정한 벗 ②

치즈는 숙성 과정에 따른 단단함으로 분류합니다. 숙성하지 않은 리코타와 생모차렐라 치즈는 부드러운 우유의 풍미가 일품입니다. 약간의 숙성을 거친 브리, 카망베르, 고르곤졸라 치즈는 말캉거리는 질감과 깊은 맛이 특징입니다. 그다, 에멘탈, 체다 치즈 등은 앞선 치즈들보다 경도가 높고, 대부분의 치즈가 여기에 속합니다. 치즈의 '찐팬'이라면 조리해서 먹기보단 본연의 맛을 즐길 테지요. 이번엔 뜨끈하게 구워보세요. 색다른 풍미를 느낄 수 있답니다. 치즈를 따뜻하게 조리하면 눅진한 향내가 짙어집니다.

Recipe

말캉한 치즈 요리를 위해선 카망베르나 브리 같은 연성 치즈가 좋습니다. 윗면에 가로, 세로 1cm 정도로 칼집을 내고 뚜껑을 덮은 채 약불로 굽습니다. 불 세기가 중요한데, 바닥이 타지 않으면서 안까지 촉촉하게 익히려면 꺼지기 직전의 약한 불로 조리해야 합니다. 칼집이 적당히 벌어지면 충분히 익은 상태 입니다. 이제 접시에 옮겨 담고 잘게 썬 견과류를 무심하게 툭 뿌려주세요. 메이플시럽과 발사믹식초를 가볍게 덮어주면 따뜻한 치즈 요리가 완성됩니다.

조리도구 ◆ 팬, 버너, 도마, 칼		
준비물(2인분) ◆ 브리치즈 125g 견과류 50g 건과일 약간, 메이플시럽 1큰술, 발사믹 식초 ½작은술		
소요시간 ◆ 20분	먹어 없어지는 시간 ◆ 5분	난이도 ◆ ★★
이런 캠퍼에게 추천 ◆ 와인과 함께라면, 애인과 함께라면		

찬바람 불 때
뜨겁고 뭉근한 한 그릇

까만 하늘이 푸르러집니다. 날이 밝아오는 모양입니다. 찬바람이 깃들기 시작할 때, 새벽 별이 수놓은 하늘을 바라봅니다. 아, 오늘도 떠나오길 잘 했구나, 스스로를 다독이면서 자리에 앉아봅니다. 한 김 식은 바다, 적요한 숲, 깊어가는 밤을 마주하자 어쩐지 마음 한편이 시립니다. 이런 때, 뜨끈한 국물이 간절해집니다. 오손도손 모여 앉아 훈훈한 온기를 나누고 싶은 캠퍼들을 위해 뭉근하게 끓인 한 그릇 메뉴를 여기 펼칩니다.

가자미술찜

색다른 생선 요리

한 끼 해결하고 나면 '다음 밥상으론 뭐 먹지?'라는 고민은 캠핑장에서도 계속됩니다. 이번엔 고기와 생선, 대전제를 놓고 깊은 생각에 잠깁니다. 아무래도 고기는 너무 많이 먹었던 걸까요, 생선의 고소하고 비릿한 풍미를 즐기고 싶은 날입니다. 자, 생선 승! 대신 늘 먹던 생선구이나 생선찜 말고, 참신한 시도를 해보기로 합니다. 종이 포일에 감싼 생선을 오븐에 쪄내는 이탈리아 요리, '카르토치오'라는 메뉴가 그 주인공입니다. 단, 야외라서 오븐은 쓰지 않습니다.

Recipe

이탈리아 현지에서는 도미·연어·광어를 많이 이용하는 편인데, 우리는 저렴하고 구하기 쉬운 가자미를 선택하기로 합니다. 얇게 썬 감자와 레몬 위에 가지런히 가자미를 얹습니다. 올리브와 방울토마토를 넣어 살짝 멋을 부려봤습니다. 간은 소금과 후춧가루만 이용합니다. 비린내를 잡기 위해 월계수 잎도 하나 넣어주고요. 종이 포일을 덮고 주변에 화이트 와인을 촉촉하게 부어줍니다. 정종으로 대신해도 좋습니다. 오븐으로 조리하는 것처럼 익히기 위해 뚜껑을 꼭 덮은 상태로 약불에 올려주세요.

조리도구 ◆ 팬, 버너, 칼, 도마 그릇

준비물(2인분) ◆ 손질된 가자미 1~2마리, 감자 1개, 레몬 1개, 방울토마토 7개, 그린올리브 7개, 정종(혹은 화이트 와인) 200mL, 소금·후추 각 1작은술, 월계수잎 약간

소요시간 ◆ 30분   **먹어 없어지는 시간** ◆ 10분   **난이도** ◆ ★★

이런 캠퍼에게 추천 ◆ (그럴 리 없겠지만)먹다 남은 와인을 처리하고 싶을 때

2
토마토스튜

영혼까지 살찌운다

스튜는 소스, 물, 고기, 채소 등 여러 재료를 섞어서 만드는 요리죠. 곰국처럼 오래 끓여내어 각 재료의 향이 진하게 느껴지는 것이 특징입니다. 주로 유럽에서 많이 먹는데 이탈리아에서는 생선을, 아일랜드에서는 흑맥주를 넣어 끓이기도 하고, 프랑스에서는 오리고기나 소시지 등을 넣기도 합니다. 여기서는 시판 토마토소스를 이용하여 간단하게 스튜 만드는 방법을 소개합니다. 면만 삶아낸다면 토마토소스 파스타로의 변신도 가능하죠.

Recipe

먼저 국거리용 소고기를 올리브유에 볶습니다. 올리브유 대신 버터를 사용하면 풍미가 더 진해집니다. 당근과 셀러리를 같이 볶습니다. 양배추, 애호박, 양파 등 기호에 맞는 채소를 넣어도 좋습니다. 그 후에 토마토소스를 넣어 끓이는데 여기서 팁은 덜어낸 소스 병에 소스단큼의 물을 넣어 흔들어 병에 묻어 있는 소스까지 알뜰하게 사용하는 것입니다. 이렇게 하면 별도의 계량 없이 소스와 물의 양을 적당하게 맞춰서 넣을 수가 있습니다. 뭉근하게 끓여내면 완성!

조리도구 ◆ 냄비, 버너, 칼, 도마 그릇	
준비물(3~4인분) ◆ 국거리용 소고기 200g 토마토소스 1병(600g), 셀러리·당근·양파·양배추·애호박 각 100g 씩, 올리브유 또는 버터 1큰슬	
소요시간 ◆ 30분	먹어 없어지는 시간 ◆ 저녁부터 다음 날 다침까지
난이도 ◆ ★★	
이런 캠퍼에게 추천 ◆ 카레에 이은 '화수분' 메뉴가 필요한 대가족 캠퍼	

바지락어묵탕

'캬~'를 부르는 국물

저는 애주가입니다. 주종을 가리지 않는 만큼 그에 어울리는 안주 페어링에도 꽤나 공을 들입니다. '식食 행위' 그 자체의 즐거움을 추구하기 때문입니다. 유난히 밤이 긴 겨울 캠핑. 멀찌감치 떨어져서 불 켜진 텐트를 바라보니 왠지 포장마차가 떠오릅니다. 포장마차 대표 메뉴로는 먹장어, 닭발, 달걀말이 등 여러 메뉴가 있지만 오늘 밤은 구한 리필이 가능한 어묵탕을 준비했습니다. 바지락과 청양고추를 더하면 한잔하면서 해장도 되는 신기한(?) 국물요리가 됩니다.

Recipe

해감이 우선입니다. 바지락을 여러 번 깨끗하게 씻어 검은 비닐봉지를 덮고 약 30분간 서늘한 곳에 둡니다. 끓는 물에 한 번 데쳐도 좋습니다. 물에 바지락을 넣고 끓여 국물 베이스를 먼저 만듭니다. 양파와 파, 어묵도 넣고 팔팔 끓이다가 마지막엔 잘게 썬 청양고추로 마무리해 주세요. 간 맞추기? 문제없습니다. 우리에겐 어묵 제품에 동봉된 마법의 수프가 있으니까요.

조리도구	냄비, 버너, 칼, 도마, 그릇
준비물(2인분)	바지락 200g, 어묵(국물요리용 수프가 포함된 것) 1봉지, 양파 ½개, 대파 1대, 청양고추 2개, 후춧가루 약간
소요시간 • 60분	먹어 없어지는 시간 • 마지막 '초록 병을 비울 때까지
난이도	★★
이런 캠퍼에게 추천	안주와 해장, 두 가지를 동시에 원한다면

밀푀유전골

겨울 캠핑의 스테디셀러

찬바람 불어오면 본격적인 캠핑의 계절이 찾아왔다는 뜻입니다. 몸과 마음을 따뜻하게 해줄 무언가가 있다면 더 좋겠습니다. 이를테면 밀푀유전골 같은 것. 천 개의 잎사귀란 뜻을 가진 프랑스식 디저트 밀푀유Mille-Feuille의 모양을 닮은 밀푀유전골은 여러 가지 채소와 얇은 고기를 겹겹으로 쌓아 냄비 가득 채워 끓여 먹는 요리입니다. 만듦새가 근사한 데 비해 조리가 간단해서 캠핑 요리의 스테디셀러로 꼽힙니다. 채소와 고기, 국물을 계속 보탤수록 맛은 더 깊어집니다. '무한 리필'의 즐거움도 쏠쏠합니다.

Recipe

알배추, 청경채, 차돌박이, 깻잎을 준비해서 한 겹씩 쌓아주세요. 그리고 반 뼘 정도의 크기로 잘라 냄비를 빈틈없이 채웁니다. 육수는 물을 부어도 좋고 좀 더 진한 맛을 원한다면 시판 가다랑어 농축액(참치액), 또는 국간장을 조금 추가해도 좋습니다. 요리할 때 한 가지 팁을 드리자면 육스의 양을 재료보다 낮게 부어야 냄비 밖으로 흘러 넘치지 않습니다. 소스를 곁들이면 더 좋습니다.

조리도구	냄비, 버너, 칼, 도마, 그릇
준비물(3인분)	차돌박이 400g, 알배추 1통, 청경채·깻잎·숙주·표고버섯 각 200g씩, 가다랑어 농축액 1큰술, 물 1L [소스] 간장 1큰술, 식초·올리고당 ½큰술씩
소요시간 • 30분	먹어 없어지는 시간 • 20분　　　난이도 • ★★★
이런 캠퍼에게 추천	캠핑 요리사 필수 '인증샷'을 원한다면

토마토김치찜

묵은지로 완성한 이탈리아의 맛

우리는 부지불식간에 많은 양의 토마토를 먹고 있습니다. 샐러드나 햄버거 안에 넣어 먹거나, 갈아서 주스로 마시거나, 있는 그대로 씻어서 먹기도 합니다. 스파게티 소스나 케첩으로 자주 접하기도 하죠. 사실 토마토는 열을 가할수록 깊은 맛을 냅니다. 체내 흡수율도 좋아지죠. 게다가 잘 익은 토마토 100g에는 300mg의 감칠맛을 내는 글루탐산이 들어 있다고 하니 가히 천연 조미료라고 할 만합니다. 언뜻 어울리지 않을 것 같은 김치와 삼겹살에도 토마토가 더해지면 놀라운 조화를 이룹니다. 감칠맛과 매운맛이 은근히 잘 어울립니다.

Recipe

넉넉한 냄비에 묵은지와 토마토, 삼겹살을 넣고 끓이다가 '파 송송' 썰어 마무리합니다. 삼겹살에 묵은지의 맛이 자연스레 배어들도록 중불에서 은근하게 오래 끓여주세요. 묵은지가 흐물흐물해져 축축 늘어진다면 적당하게 익은 겁니다. 이번에는 완숙 토마토(홀토마토) 통조림 제품을 사용했는데 가공품도 생토마토 못지않게 풍부한 영양분을 함유하고 있다고 합니다. 캔에 남아 있는 국물을 아낌없이 넣어준다면 감칠맛을 더 끌어올릴 수 있습니다.

조리도구 ◆ 냄비, 버너, 칼, 도마, 그릇	
준비물(2인분) ◆ 묵은지 400g, 돼지고기 삼겹살 200g, 홀토마토 1캔, 대파 ½대	
소요시간 ◆ 40분　　먹어 없어지는 시간 ◆ 30분	난이도 ◆ ★★
이런 캠퍼에게 추천 ◆ 김치찌개가 지겹다면	

마시는 캠핑

흐르는 풍경, 충만한 한 잔

아프리카의 어느 부족은 누군가가 아프면 4가지의 질문을 순서대로 한다고 합니다.
"마지막으로 춤을 추었던 적이 언제인가?" "마지막으로 노래를 부른 적이 언제인가?"
"마지막으로 자신의 이야기를 한 게 언제인가?" 그리고 "마지막으로 아무것도 안하고
가만히 있어본 적이 언제인가?" 가만히 있는 것. 실은 그저 가만히 있는 것이 아니라,
무수히 많은 내면의 변화를 겪으며 자신을 치유해가는 과정이겠습니다.
캠핑의 시간은 흘러가는 내 마음속 풍경으로 채워집니다.
그 정경을 촉촉하게 적셔줄 마실거리와 함께라면 더 즐겁겠지요.

커피

자발적 유목민의 음료

왜 주말만 되면 밖으로 나가려 할까요. 단지 역마살일까요. 먹거리는 물론 옷가지와 여러 캠핑 용품 등을 한 짐 가득 싸 짊어지고, 생활환경의 여러 불편함을 감수하면서까지 왜 자꾸만 자발적 유목민이 되려 하는 걸까요. 무라카미 하루키는 이렇게 말했습니다. "내가 정말로 마음에 들어 했던 것은, 커피 맛보다는 커피가 있는 풍경이었는지도 모르겠다"고. 자꾸만 밖으로 나가려는 이유를 커피를 마시는 동안의 풍경이라고 말하고 싶습니다.

Recipe

커피 원두를 꺼내 그라인더에 넣습니다. 원두 갈리는 소리가 경쾌합니다. 분쇄된 것으로 준비할 수도 있지만 조금 더 느릿해지기로 합니다. 버너에 불을 붙이고 주전자를 올립니다. 드리퍼에 갈아낸 원두를 담는 것으로도 텐트 안은 커피 향기로 가득합니다. 얇은 물줄기로 천천히 커피를 내립니다. 서두르지 않고 천천히. 또르르 잔으로 떨어지는 커피 방울까지 관찰하면서 말이죠. 지금 이곳은 깜박거리는 모니터도, 주머니 속에서 징징거리는 전화기도 없습니다. 나를 둘러싼 모든 호칭에서 스위치를 내리고 아무 것도 하지 않을 자유만이 있습니다. 쉽게 말해 '멍 때리는' 시간인 거죠.

조리도구	• 버너, 주전자, 커피그라인더, 드리퍼		
준비물	• 커피 원두, 뜨거운 물		
소요시간 • 10분	먹어 없어지는 시간 • 30분		난이도 • ★★
이런 캠퍼에게 추천	• 느리게 흘러가는 시간 속에 고여 있고 싶다면		

와인

무화과와 함께라면

첫인상은 솔직히 별로였습니다. 물컹하다 못해 흘러내릴 듯한 과육, 정체를 가늠하기 힘든 향과 맛, 게다가 값비싼 가격까지. 무화과는 제게 한동안 안중에 없는 과일이었습니다. 그렇게 몇 년이 흐른 뒤 우연히 와인 바에서 다시 맛볼 기회가 생겼습니다. 무심코 입에 넣었는데, 눈이 번쩍 뜨였습니다. 혀를 부드럽게 자극하는 형형한 과즙, 톡톡 씹히는 과육의 알갱이가 얼마나 경쾌하던지요. 와인과 잘 어울리는 건 두말할 필요도 없고요. 게다가 가격도 저렴해지고, 동네 과일 가게에서도 손쉽게 찾을 수 있는 과일이 되었죠.

Recipe

레시피랄 것도 없습니다. 무화과는 껍질째 씹어 먹기 때문에 깨끗하게 씻기만 하면 됩니다. 4등분한 무화과를 그냥 즐겨도 좋고 리코타치즈를 조금씩 올려 먹어도 됩니다. 과실 향이 강한 레드 와인보다는 깔끔한 화이트 와인과 유난히 궁합이 좋습니다. 한낮의 선선한 바람 아래서 투명한 화이트 와인과 선홍빛 무화과의 조합을 즐겨 보는 건 어떨까요. 클레오파트라가 사랑했다고 알려진 무화과는 단백질 분해효소를 함유해 육류를 먹은 뒤 디저트로 즐기면 소화에 도움이 된다고 하네요. 하나 더. 무화과를 많이 먹으면 이튿날 화장실도 편안하게 갈 수 있습―다.

조리도구 ◆ 도마, 칼	준비물 ◆ 무화과, 리코타치즈, 화이트 와인
소요시간 ◆ 3분	먹어 없어지는 시간 ◆ 2시간, 와인 한 병을 다 비울 때까지
난이도 ◆ ★	이런 캠퍼에게 추천 ◆ 낭만적인 시간을 꿈꾸는 모든 연인들

깻잎모히토

캠핑 칵테일의 정석 ①

태양이 제 할 일을 마치고 지평선을 붉게 물들이는 시간대를 가장 좋아합니다. 한낮의 열기는 가시고 시원한 바람만이 가득한 풍경. 릴랙스 체어에 푹 안겨 뉘엿뉘엿 넘어가는 해를 충분히 바라볼 수 있는 시간. 들살이의 가장 큰 매력입니다. 약간의 취기가 더해진다면 낭만적인 밤을 맞이할 수 있을 것 같습니다. 이 시간에는 찐하게 취할 필요 없습니다. 알코올 초심자도 가볍게 즐길 수 있는 캠핑용 칵테일을 소개합니다.

Recipe

헤밍웨이가 사랑한 술 모히토. 쌉싸래한 민트 향과 톡 쏘는 청량감이 특징입니다. 민트 대신 구하기 쉬운 깻잎을 이용해 봤습니다. 얼음을 작게 부숴서 컵을 가득 채워주세요. 지퍼백에 넣고 병으로 두드리면 됩니다. 베이스는 전통 소주 한 잔을 넣었습니다. 모히토 시럽이 없다면 대신 설탕을 넣어도 됩니다. 잘 섞어주면 몰디브 부럽지 않은 한 잔이 완성됩니다. 깻잎은 칼로 자르지 말고 손으로 찢으면 더 풍부한 향을 냅니다.

조리도구	잔, 유리병, 지퍼백
준비물	전통 소주 200mL, 탄산수 300mL, 모히토 시럽 또는 설탕 1작은술, 얼음 적당량, 깻잎 2장
소요시간	3분
먹어 없어지는 시간	취기가 오를 때까지
난이도	★
이런 캠퍼에게 추천	딱 즐거울 만큼만 이완되고 싶을 때

상그리아

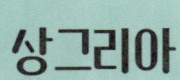

캠핑 칵테일의 정석 ②

볕이 좋은 날입니다. 노랗고 따사로운 햇빛이 이베리아 반도에 내리쬐는 태양을 떠오르게 합니다. 스페인 사람들은 한낮의 파티나 모임을 가질 때 대용량 와인 칵테일을 만들고 나눠 먹는데요, 정석은 레드 와인에 잘 익은 과일을 썰어 넣고 레몬즙과 소다수를 넣어 알코올의 함량을 낮춰 마시는 방식입니다. 술을 즐기지 않는 사람이라면 와인 대신 포도주스를 넣어서 변주해도 좋습니다. 여럿이 모여 앉은 캠프의 한낮, 상그리아를 만들어볼 시간입니다.

Recipe

상그리아sangria를 이렇게 만들어봅니다. 레드 와인과 오렌지주스를 섞고 키위, 포도, 오렌지, 블루베리 등 내가 넣고 싶은 과일을 잔뜩 넣습니다. 재료의 비율은 만드는 사람 마음에 달려 있습니다. 과일을 미리 썰어놓고 냉동실에 살짝 두어 얼린 채로 준비해가면 더 시원하게 즐길 수 있습니다. 물론 각얼음을 넣어 온도를 낮춰도 상관 없습니다.

조리도구	잔, 도마, 칼
준비물	레드 와인 또는 포도 주스 500mL, 오렌지주스 250mL, 사과·오렌지·키위 등 각종 과일
소요시간	3분 / 먹어 없어지는 시간 ◆ 2시간, 혹은 그 이상
난이도	★
이런 캠퍼에게 추천	흥겨운 파티 분위기를 내고 싶다면

하이볼

안녕, 반가운 한 잔

쉬이 정신을 잃게 하는 술은 필요하지 않습니다. 숲 내음 속에서, 혹은 파도를 바라보며 맥주를 마셔도 좋겠네요. 하지만 화장실을 자주 찾아야 한다는 단점이 있죠. 그렇다고 금욕주의적인 캠핑을 고수할 순 없습니다. 이럴 때 독주가 요긴합니다. 위스키가 적당하겠군요. 여력이 닿을 때는 싱글몰트 위스키를 챙기지만, 블렌디드 위스키로도 충분합니다. '12년 · 18년 · 30년산'까지 갈 필요도 없습니다. 저의 '막입'에는 적당한 정도의(그러니까 마트에서 3~5만원대로 구입 가능한) 위스키면 족합니다. 얼음과 토닉워터, 그리고 레몬을 넣어 하이볼 한잔 만들어볼까요.

Recipe

먼저 투명한 잔을 준비해주세요. 야외에서는 유리잔이 아닌 멜라민 재질이나 플라스틱 잔이 안전합니다. 얼음을 잔에 가득 채웁니다. 위스키의 양은 적당히 알아서 넣으면 됩니다. 마시는 사람의 주량과 취향에 따라 술의 농도를 조절할 수 있으니 이 얼마나 자유분방한 술인가요. 토닉워터를 따르고 조각 레몬을 하나 띄우면 이름마저도 반가운 하이볼이 완성됩니다. 토닉워터 대신 탄산수를 넣으면 좀 더 가볍고 깔끔하게 즐길 수 있습니다.

조리도구 ◆ 투명한 잔, 칼과 도마	준비물 ◆ 위스키, 토닉워터, 얼음, 레몬
소요시간 ◆ 2분	먹어 없어지는 시간 ◆ 마지막 한 방울을 털어 넣을 때까지
난이도 ◆ ★	이런 캠퍼에게 추천 ◆ 느긋하게 취기를 느끼고 싶다면

얼쑤, 우리 술과 함께한 캠핑

술 빚는 캠퍼 이야기

이야기는 10여 년 전으로 거슬러 올라갑니다. 우연히 직접 술을 빚어 볼 기회가 생겼습니다. 그전까지는 '전통주=막걸리'로만 생각하고 있었는데 새로운 세계가 펼쳐졌습니다. 애주가다운 궁금증이 생겼습니다. '우리 술은 왜 이토록 맛있을까?' '어떻게 '쌀·물·누룩'의 조합만으로 맑고, 탁하고, 순하고, 진하고, 달고, 독하기까지 한 맛을 만들어낼까?' 결국, 우리 술의 세계를 제대로 탐험해보고 싶어 전문교육기관에서 2년간 술을 빚고, 맛보고, 공부했습니다.

그렇게 알게 된 우리 술의 매력은 '경계 없음'에 있었습니다. 발효된 술을 바로 걸러내면 '탁주', 여기에 물을 섞으면 우리가 흔히 접하는 '막걸리'가 되고요, 탁주에서 맑은 부분만 떠내면 '약주(청주)', 이것을 증류하면 '소주'가 됩니다(우리가 흔히 아는 참이×, 처음처×과 다르게 증류 소주는 알코올 도수가 40도가 넘기도 합니다). 뿌리는 모두 하나, 쌀·물·누룩의 결합체입니다. 한 번 담그면 '단양주', 발효된 단양주에 밑술(쌀과 누룩)을 더하면 '이양주', 다시 반복하면 '삼양주'라 하는데 매 과정을 더할수록 알코올 도수가 올라갑니다. 쌀의 종류에 따라 그 맛도 조금씩 달라집니다. 맵쌀은 담백하고, 찹쌀은 달콤합니다. 밀가루를 더하면 시큼한 맛까지 더할 수 있으니, 그 무한한 변주에 빠져들지 않고는 누구도 못 배길 겁니다.

우리 술은 살아 있습니다. 발효의 과정을 거치며 매 순간 변화합니다. 게다가 술 빚는 이의 정성스러운 마음을 알아주는 것도 같습니다. 술 익는 항아리를 계속 매만지며 '맛있어져라…'라는 주문을 알아듣기라도 한 듯 정성을 쏟은 만큼 맛있는 술을 내어줍니다. 그것은 아마도 재료의 준비부터 과정 하나하나에 공을 들인 결과라고도 볼 수 있습니다.

#전통주, 마리아주

캠핑에서 '술'은 빠지지 않는 요소입니다. 다만 무드를 돋우기 위해 과하지 않게, 적당하게 즐기려 노력합니다. 맥주, 소주, 와인, 위스키 등 세상에는 다양한 술들이 차고 넘치지만 캠핑 밥상의 풍미를 더해줄 특별한 우리 술을 즐기는 방법을 소개합니다. 삼겹살과 소주, 파전과 막걸리, 스테이크와 레드 와인처럼 두 단어를 떠올리는 것만으로 '환상의 짝꿍'이 되는 조합들이 있죠. 화끈하고, 부드럽고, 달콤하고, 담백한 우리 술과 캠핑 요리의 마리아주를 즐겨 보세요.

막걸리

1

별산 오디 스파클링 막걸리 + 카프레제 샐러드

영롱한 붉은빛이 시선을 사로잡는 별산 오디 스파클링 막걸리는 그 이름에서 알 수 있듯이 샴페인을 닮은 술입니다. 뚜껑을 조금만 돌려도 기포가 보글거리며 힘차게 탄산을 뱉어냅니다. 마지막까지 쉽게 사그라들지 않습니다. 경기도 양주 지역의 쌀과 오디를 주원료로 만들었습니다. 술이 발효되며 만들어내는 단맛과 오디의 새콤한 맛이 잘 어울려졌습니다. 샴페인이 떠오르는 이 술에는 어느 레스토랑 부럽지 않을 만한 상큼한 카프레제 샐러드를 매칭시켰습니다.

만들기 카프레제 샐러드는 토마토, 생모차렐라 치즈로 이루어집니다. 바질이나 루콜라 등 향긋한 허브 종류와 곁들이면 잘 어울립니다. 허브를 칼로 썰지 말고 손으로 가볍게 자르면 향이 더욱 풍부해집니다.

2

청송 주왕 사과막걸리 + 등갈비

막걸리는 빚는 장소마다 맛과 깊이가 다릅니다. 장소마다, 사람마다 떠돌아다니는 효모와 생성되는 균이 다르기 때문이죠. 똑같은 재료로 만들어도 다른 맛을 내기도 합니다. 우리 술의 묘미를 찾을 수 있는 부분입니다. 70년 넘게 2대째 내려오는 청송 양조장은 다른 곳의 탁주와 구별되는 무언가 다른 특별함이 있습니다. 껍질째 그냥 먹어도 맛있다는 청송 사과가 더해져 짙어진 청량감이 독특하게 느껴집니다. 사과막걸리의 짝꿍은 등갈비입니다. 고기가 어울리지 않는 술이 있을까요? 여기에 모차렐라 치즈를 녹여 소스로 찍어 먹는 센스도 더했습니다.

만들기 등갈비는 속까지 완전하게 익혀야 하는 등갈비는 양념 전에 한 번 숲아서 준비해주세요. 그리고 양념을 발라 팬 또는 숯불에서 양념이 스며들 때까지 은은하게 구우면 됩니다.

약주

1

솔송주 + 곱창전골

경남 함양 지리산 자락에서 만들어지는 솔송주는 500년 전통 하동 정씨 집안에서 16대째 내려오는 술로, 소나무의 푸르름과 절개를 닮은 술입니다. 품질 좋은 햅쌀과 솔잎의 솔순을 주재료로 만들어 은은한 향이 일품입니다. 뚜껑을 열고 한 시간쯤 기다렸다 마시면 달짝지근함이 더 강해집니다. 솔송주에는 소곱창전골을 준비했습니다. 담백한 버섯을 듬뿍 넣어 솔송주의 깔끔한 뒷맛을 더욱 짙게 만들었습니다.

만들기 곱창전골은 간편한 밀키트meal kit를 활용해보세요. 단, 밀키트에는 채소의 양이 부족할 수 있으니 양파, 버섯, 애호박 등은 추가로 더 준비해도 좋습니다.

2

대통대잎술 + 떡갈비

이름에서부터 '대나무의 모든 것을 보여주겠다'라는 듯한 결연한 의지가 느껴집니다. 와인 한 병과 비슷한 700mL 용량이 '진짜 대나무'에 담겼습니다. 밀봉된 상태로 유통되어 뚜껑이 없는 게 신기합니다. 윗부분에 작은 구멍 두 개를 뚫으면 시원하게 따를 수 있습니다. 생김새와 용량 덕분에 왁자지껄한 파티에 꼭 맞습니다. 전남 담양에서 만들어지는 대통대잎술에는 구기자, 오미자, 진피, 갈근 등 100여 가지의 약재 침출물이 들어갑니다. 술이 아니라 약 한 잔을 마시는 기분입니다. 담양 하면 빠질 수 없는 떡갈비가 잘 어울릴 듯합니다. 시원한 나박김치도 곁들였으니 '대잎술-떡갈비-나박김치'의 무한 루프로부터 벗어나지 못하겠군요.

만들기 떡갈비는 소갈비살로 만듭니다. 다짐육에 양파, 대파 등 갖은 채소를 잘게 썰어 섞은 후 마구 주물러 주세요. 이후 적당한 크기로 떼어낸 다음 왼손과 오른손을 오가며 차지게 마사지를 해줍니다. 구울 때는 약불에 뚜껑을 덮어 굽기 시작하다가 센 불로 살짝 구워내면 '겉바 속촉'한 떡갈비가 완성됩니다.

증류소주

1

려 + 불족발

오직 쌀만이 전통주의 주재료는 아닙니다. 전분질을 품고 있는 식재료라면 술이 될 수 있습니다. 보리, 고구마, 타피오카를 발효·증류해 소주를 만들기도 합니다. 구수한 향이 은은하게 배어나는 려는 고구마를 주재료로 증류한 소주입니다. 수확한 지 일주일 이내의 여주 고구마만을 사용하는데 상처 입거나 울퉁불퉁한 고구마는 버리고 매끈하고 예쁜 것만 골라 술을 빚는다고 합니다. 증류소주의 매력은 숙성으로 인한 깊고 풍부한 풍미에 있습니다. 25도와 40도 두 가지로 제품이 생산됩니다. 25도는 그대로, 40도는 얼음 등을 넣어 즐기기에 좋습니다. 화끈한 알코올 도수에 어울리는 불족발을 준비했습니다. 소주 한 잔 후에 먹는 얼얼한 매운맛은 정수리까지 짜릿함을 전달합니다.

만들기 불족발의 '치트키'는 시판 캡사이신 소스입니다. 족발에 캡사이신 소스를 아낌없이 발라 은은한 숯불에 구워주세요.

2

화주 + 감바스

붉은빛을 내는 화주는 증류소주에 홍삼 원액이 녹여져 있습니다. 숙성기간이 길어 홍삼의 알싸함보다는 은은하게 올라오는 향이 매력적인 술입니다. 겨울철에 중탕으로 따뜻하게 데워서 먹기에 좋습니다. 아랫배까지 뜨끈해지는 기운에 술이라기보다는 약재 한 첩을 들이켜는 듯한 기분입니다. 화주의 짝꿍은 10분이면 휘리릭 만들 수 있는 감바스입니다.

만들기 감바스 만들기, 간단합니다. 올리브유에 통마늘을 듬뿍 넣어 마늘 향을 극대화시킨 다음 껍질 깐 새우를 넣어 익히고 소금·후춧가루로 간합니다. 바게트를 곁들여도 좋고 양이 부족하다 싶으면 파스타를 삶아 곁들입니다. 순식간에 두 번째 안주, 오일파스타를 즐길 수 있습니다.

과실주

1

크라테 + 장어구이

크라테는 산머루로 빚은 레드 와인입니다. 보통 산머루가 아닙니다. 익어도 바로 수확하지 않습니다. 알맹이가 줄어들 때까지 말립니다. 이렇게 하면 송이마다 양분이 집중되어 당도가 한껏 올라갑니다. 포도를 말려 술을 담그는 이탈리아 북동부 지역의 아마로네Amarone 와인과 비슷한 제조법입니다. 화학 비료를 전혀 쓰지 않고 재배해 내추럴 와인과도 그 맛이 닮아 있습니다. 머루가 자라는 경북 김천 수도산 자락의 큰 일교차 덕분에 농축된 과실미가 더 두드러집니다. 크라테 드라이 와인은 묵직한 보디감을 드러냅니다. 양념이 세지 않은 장어 요리가 꽤나 잘 어울립니다.

만들기 장어구이는 손질된 장어 조리하는데, 초벌과 재벌구이의 과정으로 나뉩니다. 먼저 자르지 않은 상태로 반 정도 익힌 다음 지느러미 등에 있는 잔가시를 제거하고 먹기 좋은 크기로 잘라 다시 구워줍니다. 양념구이로 즐기고 싶을 때는 이때 양념을 바르면 됩니다. 잘게 채 썬 생강도 잊지 마세요.

2

추사블루베리 + 양갈비

추사 블루베리는 아이스 와인입니다. 아이스 와인은 언 상태의 포도 송이를 수확해 만드는데 당도가 매우 높아 극강의 단맛을 자랑합니다. 독일의 한 양조장에서 추운 날씨에 얼어버린 포도를 착즙해 와인을 만들었는데 의외로 좋은 단맛을 지닌 와인이 탄생된 데서 유래했습니다. 물이나 주정을 첨가하지 않고 저온 발효와 1년의 숙성 과정으로 만들어진 추사 블루베리는 기분 좋은 단맛이 매력적인 술입니다. 은은하게 튀지 않는 향을 가지고 있어 어느 음식과도 어울립니다. '스테이크+와인'조합은 칼질의 정석이죠. 여기에 약간 변주를 주어 '블루베리 와인+양갈비 스테이크' 조합을 준비했습니다.

만들기 양갈비 스테이크의 핵심은 마리네이드(밑간)입니다. 각종 향신료와 허브를 아끼지 말고 양갈비에 문질러주세요. 올리브유로 윤기를 더한 다음 서늘한 곳에서 잠시 재운 뒤 구워주면 됩니다.

#캠핑 브루어리

실전, 술 빚는 캠퍼
집에서 만드는 술을 가양주家釀酒라고 합니다. 17세기에 발행된 최초의 한글 요리서 《음식디미방》에는 각종 술 빚는 방법도 적혀 있는데요, 이렇듯 각 지역의 종갓집에는 김치의 가짓수와 비슷한 가양주 만드는 법이 전수되어 왔다고 합니다. 사실 쌀과 물 그리고 누룩만 있으면 만들 수 있는 게 우리 술입니다만 쌀은 쪄서 고두밥으로, 누룩은 잘게 분쇄해서 준비해야 하고 상온에서 발효 상태를 지켜보며 섞어주는 과정까지 겪어내야 하죠. 그래서 가양주보다 간단한 '캠양주'를 만들어보았습니다. 준비물은 '키트' 하나면 끝.

1

하룻밤이면 충분해, 막걸리

막걸리 키트를 준비합니다. 쌀은 당화가 쉽게 곱게 갈려 있고 효모도 발효를 돕기 좋게 정확한 양이 들어 있습니다. 동봉된 재료를 넣고 물과 잘 섞으면 됩니다. 용량보다 적은 양의 물을 넣으면 알코올 도수가 높게, 많이 넣으면 도수가 낮게 만들어집니다. 그저 불필요한 균이 침투하지 않도록 손을 깨끗하게 씻어주는 것만 지키면 됩니다. 가끔 발효되는 용기에 귀를 기울여 보세요. '보글보글' 효모들이 '열일'하며 술이 되어가는 과정을 느낄 수 있습니다. 하룻밤이 지난 후 차게 식혀 바로 마시면 됩니다. 홍초나 과즙 등을 섞으면 칵테일 막걸리로도 금세 변신이 가능합니다. 자, 이제 캠핑 밥상에 둘러앉은 사람들이 특별한 한 잔에 감동할 시간만이 남았습니다.

2

담글수록 즐거운 담금주

재료의 성분이 술에 녹아나는 것을 담금주 또는 침출주라고 합니다. 거실 장식장에서 볼록한 유리병 안에 담긴 인삼주(술에 퉁퉁 분 인삼)를 보신 기억이 있을 겁니다. 인삼 외에도 다양한 재료를 변주할 수 있는데요, 대표적인 것이 야관문입니다. 혼자 사는 사람들이 나오는 TV프로그램에서 야관문주가 등장한 것을 봤습니다. 한 출연자가 직접 만든 것을 주변 사람들에게 나눠주었더니 힘차게 열광하더군요. 야관문은 쌍떡잎식물 장미목 콩과의 반관목으로 정식 명칭은 '비수리'랍니다. 노우근, 호지자, 산채자라고도 불리지요. '밤의 문을 열어준다'는 야관문의 효능은, 음, 익히 알려진 대로입니다. 활기찬 캠핑 생활을 위해 저도 만들어 보았습니다. 야관문은 약재를 파는 전통시장에서 구입해도 좋고, 편리하게 담금주 키트로 제조된 것을 사용해도 됩니다. 키트를 사용하면 용기를 따로 준비하지 않아도 되니 편리합니다. 담금주를 만들 때 전용 소주(25~35도)를 붓는데, 덜어낸 만큼 다시 소주를 리필할 것이 분명하므로 이것보다 약하거나 독한 소주를 취향껏 선택해 사용해도 됩니다.

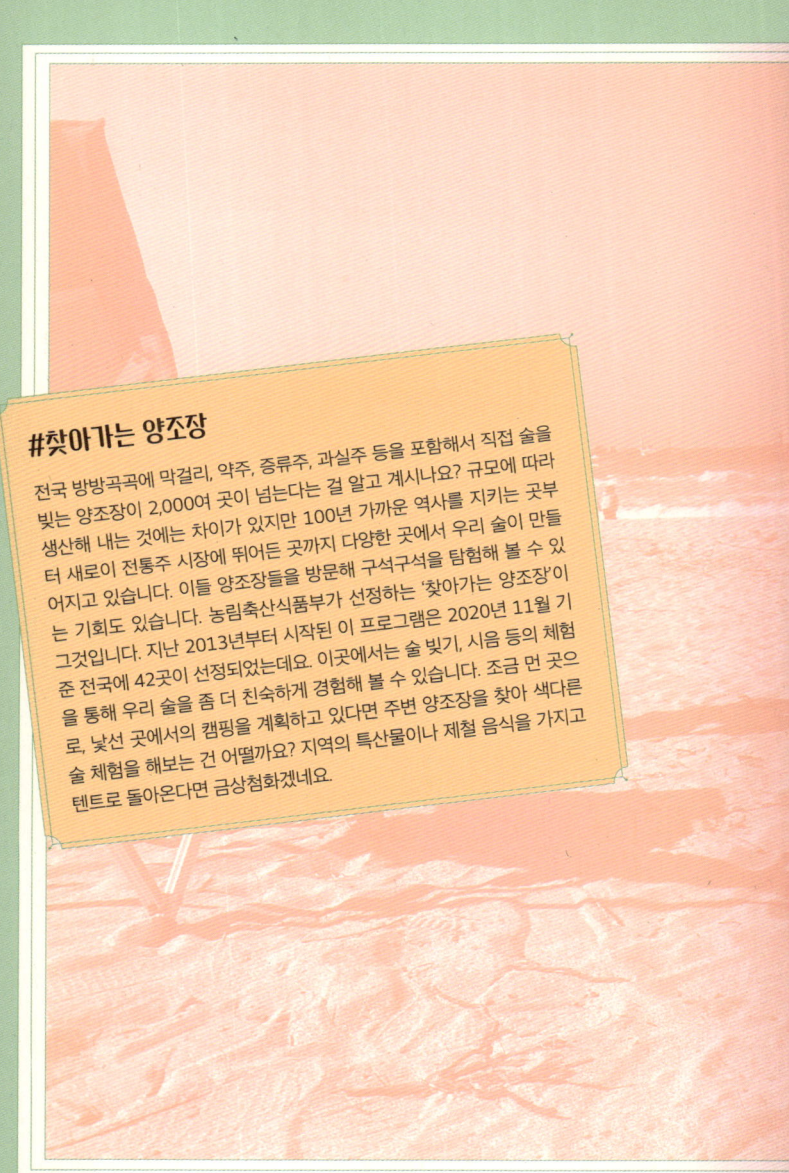

#찾아가는 양조장

전국 방방곡곡에 막걸리, 약주, 증류주, 과실주 등을 포함해서 직접 술을 빚는 양조장이 2,000여 곳이 넘는다는 걸 알고 계시나요? 규모에 따라 생산해 내는 것에는 차이가 있지만 100년 가까운 역사를 지키는 곳부터 새로이 전통주 시장에 뛰어든 곳까지 다양한 곳에서 우리 술이 만들어지고 있습니다. 이들 양조장들을 방문해 구석구석을 탐험해 볼 수 있는 기회도 있습니다. 농림축산식품부가 선정하는 '찾아가는 양조장'이 그것입니다. 지난 2013년부터 시작된 이 프로그램은 2020년 11월 기준 전국에 42곳이 선정되었는데요. 이곳에서는 술 빚기, 시음 등의 체험을 통해 우리 술을 좀 더 친숙하게 경험해 볼 수 있습니다. 조금 먼 곳으로, 낯선 곳에서의 캠핑을 계획하고 있다면 주변 양조장을 찾아 색다른 술 체험을 해보는 건 어떨까요? 지역의 특산물이나 제철 음식을 가지고 텐트로 돌아온다면 금상첨화겠네요.

찾아가는 양조장 목록

경기 산머루농원, 배상면주가, 우리술, 그린영농조합, 배혜정도가, 밝은세상영농조합, 좋은술, 술샘

충남 신평양조장, 예산사과와인, 양촌양조, 한산소곡주

충북 중원당, 대강양조장, 조은술 세종, 화양, 이원양조장, 여포와인농장, 불휘농장, 도란원

전북 태안합동주조장, 운봉주조

전남 청산녹수, 추성고을, 해창주조장, 대대로영농조합

강원 예술주조, 국순당

경북 울진술도가, 오미나라, 문경주조, 명인안동소주, 한국애플리즈, 은척양조장, 한국와인, 고도리와이너리, 수도산와이너리

경남 솔송주

울산 복순도가

부산 금정산성토산주

제주 제주샘주, 제주술익는집

전통주 협찬 및 도움말 이지민(대동여주도 대표)

나가며

캠핑 요리를 하며 생각하는 것들

요리할 때 행복합니다. 캠핑 하며 요리할 때는 더더욱 행복합니다. 내가 만든 음식을 누군가가 맛있게 먹어주고, 물개 박수로 화답까지 해준다면 그것으로 충분한 보상이 됩니다. 그러나 음식을 하면서 어쩔 수 없이 쌓이는 것들이 있습니다. 포장재나 다듬고 난 재료와 같은 폐기물들이 나올 수밖에 없죠. 음식을 먹고 나서 잔반도 마찬가지고요. 최근에는 밀키트를 사용하는 경우도 많아 쓰고 남은 플라스틱 용기가 수북하게 쌓인 모습에 놀라기도 합니다. 불편한 배출이긴 하지만, 몇 가지 원칙을 정하고 최소한으로 줄이려는 노력이 필요합니다. 쉽게, 그리고 같이 실천할 수 있는 방법에는 무엇이 있을까요?

1 배달된 포장용기를 정리하고 한데 모아서 챙겨가면 어떨까요. 음식점에서의 음식 포장은 사용할 냄비를 미리 준비해 담아가는 것도 하나의 방법입니다.

2 마트나 새벽 배송을 줄이고 캠핑장 근처의 시장이나 로컬 마켓을 이용해 보세요. 장바구니를 들고 둘러보는 재미에 훈훈한 인심은 덤으로 따라옵니다.

3 요리할 끼니 수와 음식을 미리 선정하고 채소 등을 손질해 소분하면 불필요한 식재료가 남지 않을뿐더러 조리 시간도 단축됩니다. 넉넉한 인심도 좋지만 잔반이 남지 않게 계량해 조리하는 것이 좋습니다.

4 튀김 요리를 하고 나서는 기름을 충분히 식힌 다음 거름종이를 댄 깔때기를 이용해 페트병 등에 담아두면 몇 번이고 재사용할 수 있습니다.

저의 캠핑 밥상에 나무젓가락이나 일회용 그릇은 출입 금지입니다. 번거롭더라도 꼭 일반 그릇을 이용해 주세요. '제로웨이스트 zero waste'는 어려운 일일지 모릅니다. 하지만 조금만 신경 쓴다면 '리틀웨이스트 little waste'는 충분히 가능합니다.

눈과 함께하는 모든 즐거움
휘닉스 평창, 스노우파크

모두가 아이처럼 눈의 설렘과 행복감을 느끼며,
다양한 모습으로 저마다의 즐거움을 찾는 시간.
눈과 즐거움으로 가득 찬 자연 속 특별한 계절,
겨울의 즐거움을 소중한 사람들과 함께 경험해 보세요.

문의 및 예약 1577 0069(#1)
홈페이지 www.phoenixhnr.co.kr